콜롬북스 어플
무료 MP3, 스마트폰에서 바로듣자! (동영상 강의 및 MP3)

MP3를 듣는 가장 스마트한 방법

- 앱스토어 또는 구글플레이 스토어에서 '콜롬북스' 다운로드 및 설치
- 회원가입 후 원하는 도서 검색하여 MP3 다운로드 / 듣기

KB011286

알 아 두 기

- 파일을 다운로드시 Wifi 환경을 권장합니다.
- 통신망 이용 시 사용하시는 요금제에 따라 요금이 부과될 수 있음을 알려
- 운영체제에 따라 지원되는 기능이 상이합니다.(스토어에 있는 어플 설명 참조)

베트남어는 뻔한 패턴의 반복이다

베트남어는 뻔한 패턴의 반복이다

초판 발행 2019년 03월 15일
초판 2쇄 2019년 04월 05일

저자 이아영
발행인 이진곤
발행처 씨앤톡

등록일자 2003년 5월 22일
등록번호 제 313-2003-00192호

ISBN 978-89-6098-589-6 (12730)

주소 경기도 파주시 문발로 405 제2출판단지 씨앤톡 사옥 301호
홈페이지 www.seentalk.co.kr
전화 02-338-0092
팩스 02-338-0097

이 도서의 국립중앙도서관 출판예정도서목록(CIP)은 서지정보유통지원시스템 홈페이지(http://seoji.nl.go.kr)와 국가자료공동목록시스템(http://www.nl.go.kr/kolisnet)에서 이용하실 수 있습니다.(CIP제어번호: CIP2019008730)

베트남어는 뻔한 패턴의 반복이다

씨앤톡
See&Talk

preface

베트남어가 빨리 늘지 않아 답답하죠?

단어와 숙어, 문법, 독해… 심지어 회화까지!
외워야 하는 건 왜 이렇게 많을까요?
수년에 걸쳐 베트남어를 배우고 익히는 데도 실력은 매일
제자리지요.

베트남어는 언어입니다. 언어는 패턴으로 이루어져 있지요.
패턴을 이해하면 읽기와 듣기, 쓰기와 말하기에 자신감이 생겨요.
패턴을 응용하면 베트남어 사용에 탄력이 붙어 빠른 시간 안에
효과를 볼 수 있지요.

이 책은 베트남어 울렁증을 가진 초보 독자와 정리된 패턴을 통해
실력을 한 단계 업그레이드하고 싶은 독자를 위한 책입니다.

베트남어는 패턴입니다.

패턴으로	문법의	기초를 닦습니다.
	단어의	쓰임을 이해합니다.
	듣기 읽기 말하기 쓰기	에 자신감이 생깁니다.

이 책에 수록된 100개의 패턴만 기억해도 베트남어 실력은 눈에 띄게 향상될 거예요.
이제 여러분의 실력을 한층 더 튼튼하게 만들어줄 패턴 베트남어를 만나보세요!

항상 변함없이 믿어주시는 씨앤톡 출판사 이진곤 대표님과 임직원 분들께 깊은 감사를 드립니다.

2019년 2월

활용 방법 탐구

외국어를 습득하는 가장 좋은 방법은 반복입니다.
하지만 일반적인 반복 학습은 시간이 많이 걸린다는 단점이 있지요.
패턴으로 반복 학습하면 학습 시간을 줄일 수 있어요.
훨씬 쉽고 재미있게 베트남어를 배우는 거지요.
패턴이 적용된 문장을 익히고,
이 문장을 응용해 사용하다보면 어느새 회화까지 쉬워질 거예요.

패턴이 내 것이 되는 순간, 베트남어가 쉬워집니다.
이제 패턴 학습으로 베트남어에 대한 자신감을 높이세요.

생각한 문장이 베트남어로 톡 튀어나올 때까지 반복해서 학습하는 것이 중요해요.
지금 당장 소리 내 패턴을 말해보세요!

구성과 특징 탐구

이 책에 수록된 100개의 패턴은 지금 당장이라도 사용할 수 있도록 활용도가 높은 표현들로 구성되어 있어요.
핵심 패턴들은 **step1**과 **step2**로 나뉘어 있고,
각 패턴마다 다섯 개의 문장이 회색 박스 안에 들어 있어요.

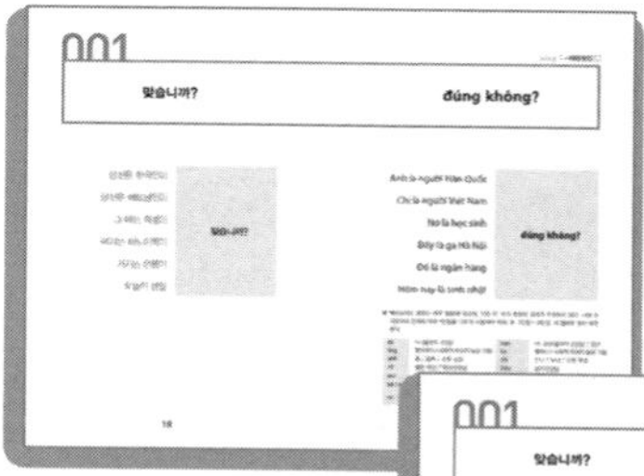

step1에서는 우리말에 맞는 핵심 베트남어 패턴을 구성하는 문장을 학습하고,

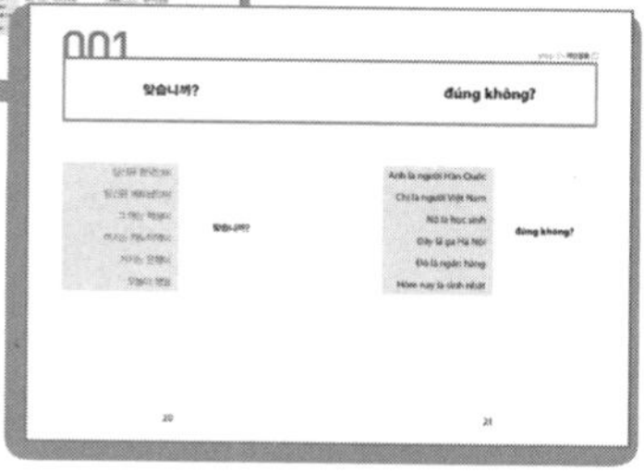

step2에서는 베트남어에 맞는 구성을 학습하면서 응용력을 기를 수 있어요.

유례없는 패턴 탐구

패턴이 만들어주는 문장을 관찰해봐요.
패턴 그들의 성향을 이해하고 각각의 취향을 분석해야해요.
패턴 뒤에 이어지는 표현 속 역시 일련의 패턴이 있어요.
말하기에 어색하지 않은 표현, 그 법칙은 따로 있어요.

회화에선 가장 중요한 의문형 문법, 의문사와 결합하는 패턴으로
시작해서 접속사, 조동사, 전치사, 부사, 기타패턴 순으로 학습해요.

유례없는 패턴의 패턴 분류로
베트남어회화의 새로운 패턴을 만들어요!

실전 응용 탐구

군더더기 없는 워크북 시스템으로
100개 핵심 패턴 익히는 방법 총정리 할 시간이에요.
베트남어는 뻔한 패턴의 반복이라는 제목을 실감하게 해줄
마지막 기회예요.

1 우리말에 반복적으로 등장하는 표현부터 찾아봐요.
2 그에 해당하는 베트남어 패턴을 어떻게 말할까 먼저 고민해요.
3 **step 1**의 회색바를 통해 베트남어 패턴을 확인해요. 학습 목표가 패턴만 완벽하게 익히는 것인 사람은 여기까지!
4 완벽한 문장을 구사하고 싶은 사람은 욕심 내어 페이지를 넘겨 **step 2**로 이동해요.
5 패턴과 함께 주어진 문법 재료를 이용해 여섯 개의 파생 문장을 만들어 말해봐요.

꼬렌(cố lên)! 이 책 한 권이면 이제 실전 베트남어회화 문제 없어요!

contents

001 đúng không?

002 phải không?

003 (có) + 동사/형용사 + không?

004 có + 명사 + không?

005 là gì?

006 là ai?

007 Ai

008 nào ?

009 ở đâu?

010 ~ mấy?

011 mấy ~ ?

012 lúc mấy giờ?

013 bao nhiêu?

014 (đã) ~ bao giờ?

015 bao giờ + 주어 + (sẽ) ~ ?

016 명사 + thế nào?

017 동사 + thế nào?

018 (tại) sao

019 (đã) ~ chưa?

020 (đã) ~ bao giờ chưa?

021 sắp ~ chưa?

022 được không?

023 chứ?

01

의문사와
결합하는
패턴

001

맞습니까?

당신은 한국인이
당신은 베트남인이
그 애는 학생이
여기는 하노이역이
거기는 은행이
오늘이 생일

맞습니까?

đúng không?

Anh là người Hàn Quốc Chị là người Việt Nam Nó là học sinh Đây là ga Hà Nội Đó là ngân hàng Hôm nay là sinh nhật	**đúng không?**

■ 베트남어는 호칭이 매우 발달해 있으며, 가족 안·밖의 호칭의 경계가 뚜렷하지 않다. 나와 상대방과의 관계에 따라 1인칭을 다르게 사용해야 하며, 또 '1인칭 = 2인칭' 의 형태로 많이 표현된다.

tôi	나 (절대적 1인칭)	bạn	너, 당신(절대적 2인칭) / 친구
ông	할아버지 / 사회적 지위가 높은 사람	bà	할머니 / 사회적 지위가 높은 사람
anh	형 / 오빠 / 손윗 남성	chị	언니 / 누나 / 손윗 여성
cô	젊은 여성 / 여자선생님	thầy	남자선생님
em	동생 / 아랫사람	cháu	꼬마 / 조카 / 손자
bố / mẹ	부 / 모	con	자녀
nó	그 (대명사)	chúng tôi / chúng ta	우리

001

맞습니까?

당신은 한국인이
당신은 베트남인이
그 애는 학생이
여기는 하노이역이
거기는 은행이
오늘이 생일

맞습니까?

đúng không?

Anh là người Hàn Quốc Chị là người Việt Nam Nó là học sinh Đây là ga Hà Nội Đó là ngân hàng Hôm nay là sinh nhật	**đúng không?**

002

맞습니까?

당신은 대학생이
당신은 직원이
당신은 교수가
저기가 식당
이분이 대표가
당신의 국적은 미국이

맞습니까?

phải không?

Anh là sinh viên
Cô là nhân viên
Chị là giáo sư
Kia là nhà hàng
Đây là đại biểu
Quốc tịch anh là Mỹ

phải không?

■ đúng không?' 과 'phải không?' 은 거의 같은 의미로 사용된다. 다만 문법적으로 조금 차이가 있는데 'đúng không?' 은 앞의 내용이 맞는지 틀리는지 확인할 때 쓰이며, 'phải không?' 을 사용하는 표현은 '주어 + là + 명사' 와 같은 평서문을 의문문으로 만드는 부가의문문 형태이다. 즉, '주어는 명사입니까?' 로 명사가 맞는지 물어보는 표현이 된다.

002

맞습니까?

당신은 대학생이 당신은 직원이 당신은 교수가 저기가 식당 이분이 대표가 당신의 국적은 미국이	맞습니까?

phải không?

Anh là sinh viên
Cô là nhân viên
Chị là giáo sư
Kia là nhà hàng
Đây là đại biểu
Quốc tịch anh là Mỹ

phải không?

003

~ (합)니까?

당신은	건강	(합)니까?
당신은	아침을 먹습	
당신은	베트남을 갑	
여기서	쌀국수를 팝	
영화가	재밌습	
지금 당신은	행복	

(có) + 동사/형용사 + không?

Bạn	(có)	khỏe	không?
Anh		ăn sáng	
Chị		đi Việt Nam	
Ở đây		bán phở	
Phim		hay	
Bây giờ bạn		hạnh phúc	

■ 당신은 건강합니까? 베트남식의 안부 인사 표현이다. 즉 '건강합니까?' 라고 묻는 인사는 '잘지내나요?' 라는 의미의 기본 안부 인사라고 할 수 있다.

■ '(có) + 동사/형용사 + không?' 이 문장 구조에서 'có' 는 뒤에 오는 서술어를 강조하기 위한 것으로 생략할 수 있다.

003

~ (합)니까?

당신은	건강	(합)니까?
당신은	아침을 먹습	
당신은	베트남을 갑	
여기서	쌀국수를 팝	
영화가	재밌습	
지금 당신은	행복	

(có) + 동사/형용사 + không?

Bạn	(có)	khỏe	không?
Anh		ăn sáng	
Chị		đi Việt Nam	
Ở đây		bán phở	
Phim		hay	
Bây giờ bạn		hạnh phúc	

004

있습니까?

당신은	여자친구가	있습니까?
당신은	남자친구가	
당신은	초대권이	
방안에	에어컨이	
근처에	병원이	
오늘 저녁에 당신은	시간이	

có + 명사 + không?

Anh	có	bạn gái	không?
Chị		bạn trai	
Bạn		vé mời	
Trong phòng		máy lạnh	
Gần đây		bệnh viện	
Tối nay anh		thời gian	

■ 'có + 명사 + không?' 는 문장 구조에서 'có' 가 '가지다, 있다'의 뜻으로 문장을 완성하는 서술어 역할이므로 생략할 수 없다.

004

있습니까?

당신은	있습니까?	여자친구가
당신은		남자친구가
당신은		초대권이
방안에		에어컨이
근처에		병원이
오늘 저녁에 당신은		시간이

có + 명사 + không?

Anh	có	bạn gái	không?
Chị		bạn trai	
Bạn		vé mời	
Trong phòng		máy lạnh	
Gần đây		bệnh viện	
Tối nay anh		thời gian	

005

무엇입니까?

당신의 이름이
당신의 취미는
전화번호는
여권번호는
당신의 주소는
당신의 종교는

무엇입니까?

là gì?

Anh tên	là gì?
Sở thích của anh	
Số điện thoại	
Số hộ chiếu	
Địa chỉ của bạn	
Tôn giáo của bạn	

■ 베트남어에서는 의문사가 있는 문장은 형식에 관계없이 자동으로 의문문이 된다.

'이름이 뭡니까?' 의 베트남어 표현으로는

(인칭) tên + là gì?
Tên (인칭) + là gì?
Tên của (인칭) + là gì?

005

무엇입니까?

당신의 이름이

당신의 취미는

전화번호는

여권번호는

당신의 주소는

당신의 종교는

무엇입니까?

là gì?

Anh tên Sở thích của anh Số điện thoại Số hộ chiếu Địa chỉ của bạn Tôn giáo của bạn	**là gì?**

006

누구입니까?

저분은

당신의 여자친구는

당신의 남편은

아오자이를 입은 사람이

한국의 대통령은

모자를 쓴 사람은

누구입니까?

là ai?

Kia	là ai?
Bạn gái của anh	
Chồng của chị	
Người mặc áo dài	
Tổng thống Hàn Quốc	
Người đội mũ	

006

누구입니까?

저분은

당신의 여자친구는

당신의 남편은

아오자이를 입은 사람이

한국의 대통령은

모자를 쓴 사람은

누구입니까?

là ai?

Kia	là ai?
Bạn gái của anh	
Chồng của chị	
Người mặc áo dài	
Tổng thống Hàn Quốc	
Người đội mũ	

007

누가

누가	출장을 갑니까?
	그녀를 사랑합니까?
	베트남어를 공부합니까?
	한국어를 가르칩니까?
	가장 키가 큰 사람입니까?
	담당책임자입니까?

ai

Ai	đi công tác?
	yêu chị ấy?
	học tiếng Việt?
	dạy tiếng Hàn?
	là người cao nhất?
	là người chịu trách nhiệm?

007

누가

누가	출장을 갑니까?	
	그녀를 사랑합니까?	
	베트남어를 공부합니까?	
	한국어를 가르칩니까?	
	가장 키가 큰 사람입니까?	
	담당책임자입니까?	

ai

Ai

Ai	đi công tác?
	yêu chị ấy?
	học tiếng Việt?
	dạy tiếng Hàn?
	là người cao nhất?
	là người chịu trách nhiệm?

008

어느 / 어떤

당신은	어느 / 어떤	계절을 좋아합니까?
당신은		나라 사람입니까?
당신은		곳을 가길 원합니까?
당신은		음식을 먹습니까?
당신은		색을 싫어합니까?
여러분은		방법이 있습니까?

nào ?

Anh	thích mùa	nào?
Chị	là người nước	nào?
Bạn	muốn đi nơi	nào?
Bạn	muốn ăn món	nào?
Bạn	ghét màu	nào?
Các bạn	có cách	nào?

008

어느 / 어떤

당신은	계절을 좋아합니까?	
당신은	나라 사람입니까?	
당신은	곳을 가길 원합니까?	어느
당신은	음식을 먹습니까?	/ 어떤
당신은	색을 싫어합니까?	
여러분은	방법이 있습니까?	

nào ?

Anh	thích mùa	nào?
Chị	là người nước	
Bạn	muốn đi nơi	
Bạn	muốn ăn món	
Bạn	ghét màu	
Các bạn	có cách	

009

어디에서

당신은		일합니까?
요즘 당신은		삽니까?
당신은	어디에서	운동합니까?
우리는		만납니까?
우리는		체크아웃합니까?
이것은		삽니까?

ở đâu?

Bạn	làm việc	ở đâu?
Dạo này anh	sống	
Chị	tập thể dục	
Chúng ta	gặp	
Chúng tôi	trả phòng	
Cái này	mua	

■ 베트남어에서 '우리'라는 표현은 듣는 사람을 포함하느냐, 듣는 사람을 포함하지 않느냐에 따라 2가지로 나뉜다. 듣는 사람을 포함할 경우 'Chúng ta', 듣는 사람을 포함하지 않을 경우 'Chúng tôi' 로 사용한다.

009

어디에서

당신은	일합니까?	어디에서
요즘 당신은	삽니까?	
당신은	운동합니까?	
우리는	만납니까?	
우리는	체크아웃합니까?	
이것은	삽니까?	

ở đâu?

Bạn	làm việc	ở đâu?
Dạo này anh	sống	
Chị	tập thể dục	
Chúng ta	gặp	
Chúng tôi	trả phòng	
Cái này	mua	

010

몇

오늘은	몇	일입니까?
이번 달은		월입니까?
당신의 동생은		학년입니까?
당신의 형은		학년입니까?
당신의 방은		호입니까?
당신의 집은		층입니까?

~ mấy?

Hôm nay	là ngày	mấy?
Tháng này	là tháng	
Em của bạn	học lớp	
Anh trai bạn	học năm thứ	
Phòng của anh	là số	
Nhà của anh	ở tầng	

■ 베트남에서는 초등학교 5년, 중학교 4년, 고등학교 3년으로 구성되어 있으며, 고등학생까지는 'lớp 1~12' 로 나타내며, 대학생은 'năm thứ 1~4' 로 나타낸다. 따라서 학년을 물을 때도 서로 다른 표현을 쓴다.

010

몇

오늘은	일입니까?
이번 달은	월입니까?
당신의 동생은	학년입니까?
당신의 형은	학년입니까?
당신의 방은	호입니까?
당신의 집은	층입니까?

몇

~ mấy?

Hôm nay	là ngày	mấy?
Tháng này	là tháng	
Em của bạn	học lớp	
Anh trai bạn	học năm thứ	
Phòng của anh	là số	
Nhà của anh	ở tầng	

011

몇

당신의 가족은		명입니까?
가방 안에 있는 책은		권입니까?
당신이 기르는 개는	몇	마리입니까?
당신이 여행 간 횟수는		번입니까?
당신이 다이어트하는 기간은		개월입니까?
당신이 사야하는 것은		개입니까?

mấy ~ ?

Gia đình bạn có	mấy	người?
Trong cặp sách có		quyển sách?
Em đang nuôi		con chó?
Chị đi du lịch		lần rồi?
Anh ăn kiêng trong		tháng?
Bạn phải mua		cái?

■ 베트남어에서는 단어의 위치에 따라 의미가 달라지는 경우가 많다. 'mấy + 단위' 의 구조와 같이 'mấy' 의 위치가 앞에 올 경우는 양을 나타내는 의미로 사용된다. 예를 들면 'tháng mấy' 는 몇 월, 'mấy tháng' 은 '몇 개월'을 나타낸다.

011

몇

당신의 가족은	몇	명입니까?
가방 안에 있는 책은		권입니까?
당신이 기르는 개는		마리입니까?
당신이 여행간 횟수는		번입니까?
당신이 다이어트하는 기간은		개월입니까?
당신이 사야하는 것은		개입니까?

mấy ~ ?

Gia đình bạn có	mấy	người?
Trong cặp sách có		quyển sách?
Em đang nuôi		con chó?
Chị đi du lịch		lần rồi?
Anh ăn kiêng trong		tháng?
Bạn phải mua		cái?

012

몇 시에

<table>
<tr><td>당신은</td><td rowspan="6">몇 시에</td><td>일어납니까?</td></tr>
<tr><td>비행기는</td><td>출발합니까?</td></tr>
<tr><td>우리는 내일</td><td>만납니까?</td></tr>
<tr><td>당신은 공부를</td><td>마칩니까?</td></tr>
<tr><td>당신은</td><td>자러 갑니까?</td></tr>
<tr><td>버스가</td><td>도착합니까?</td></tr>
</table>

lúc mấy giờ?

Bạn	thức dậy	lúc mấy giờ?
Máy bay	xuất phát	
Ngày mai chúng ta	gặp	
Bạn học	xong	
Anh	đi ngủ	
Xe buýt	đến	

■ 위와 같이 '주어 + 동사 + lúc mấy giờ? : 몇 시에 ~ 합니까?' 표현 외에도 'mấy giờ + 주어 + 동사' 로도 나타낼 수 있다.

012

몇 시에

당신은	일어납니까?	몇 시에
비행기는	출발합니까?	
우리는 내일	만납니까?	
당신은 공부를	마칩니까?	
당신은	자러 갑니까?	
버스가	도착합니까?	

lúc mấy giờ?

Bạn	thức dậy	lúc mấy giờ?
Máy bay	xuất phát	
Ngày mai chúng ta	gặp	
Bạn học	xong	
Anh	đi ngủ	
Xe buýt	đến	

013

얼마입니까?

이것은 가격이 당신의 급여는 오늘 환율이 수수료가 매매가는 이 물건의 가치는	얼마입니까?

bao nhiêu?

Cái này là giá	bao nhiêu?
Lương của chị là	
Hôm nay tỉ giá là	
Phí hoa hồng là	
Giá mua bán là	
Giá trị của đồ này là	

■ 베트남어에는 'mấy' 'bao nhiêu' 와 같이 2가지의 수량 의문사가 있다. '몇' 이라는 의미의 'mấy' 의 경우는 수량이 적고 좀 구체적일 때 사용하는 반면, '얼마나' 라는 의미를 가진 'bao nhiêu' 의 경우는 많은 양을 묻거나, 수량의 많고 적음이 뚜렷하지 않을 때 사용하는 편이다.

■ 환율은 'tỷ giá ngoại tệ' , 'tỷ giá hối đoái' 와 같이 표현할 수 있다.

013

얼마입니까?

이것은 가격이	얼마입니까?
당신의 급여는	
오늘 환율이	
수수료가	
매매가는	
이 물건의 가치는	

bao nhiêu?

Cái này là giá	**bao nhiêu?**
Lương của chị là	
Hôm nay tỉ giá là	
Phí hoa hồng là	
Giá mua bán là	
Giá trị của đồ này là	

014

언제 ~ 했습니까?

언제	당신은	결혼	했습니까?
	당신은	졸업	
	그들은	이곳에 도착	
	당신은	비행기표를 예약	
	당신은	입사를	
	영화를	여기서 상영	

(đã) ~ bao giờ?

Anh	(đã)	kết hôn	bao giờ?
Bạn		tốt nghiệp	
Họ		đến đây	
Cô		đặt vé máy bay	
Anh		vào công ty	
Phim		chiếu ở đây	

014

언제 ~ 했습니까?

당신은	결혼	언제 했습니까?
당신은	졸업	
그들은	이곳에 도착	
당신은	비행기표를 예약	
당신은	입사를	
영화를	여기서 상영	

(đã) ~ bao giờ?

Anh	(đã)	kết hôn	bao giờ?
Bạn		tốt nghiệp	
Họ		đến đây	
Cô		đặt vé máy bay	
Anh		vào công ty	
Phim		chiếu ở đây	

015

언제 ~ 할 겁니까?

당신은	언제	귀국	할 겁니까?
당신은	언제	출국	할 겁니까?
당신은	언제	저에게 전화를	할 겁니까?
당신은	언제	결혼을	할 겁니까?
당신은	언제	이사를	할 겁니까?
당신은	언제	취업을	할 겁니까?

bao giờ + 주어 + (sẽ) ~ ?

Bao giờ	chị	**(sẽ)**	về nước ?
	chị		xuất cảnh?
	anh		gọi điện cho em?
	anh		lấy vợ?
	bạn		chuyển nhà?
	em		xin việc?

■ 앞에서 언급했듯이 베트남어는 위치가 중요하다. '언제'라는 의문사가 문미에 있을 경우는 과거를 나타내고, 문두에 있을 경우는 미래를 나타낸다. 따라서, 시제를 쓰지 않아도 의문사 '언제'의 위치를 통해 미래와 과거를 구분할 수 있다. '언제'를 의미하는 표현은 'bao giờ' 외에도 'khi nào', 'lúc nào' 도 있다.

015

언제 ~ 할 겁니까?

언제	당신은	할 겁니까?	귀국
	당신은		출국
	당신은		저에게 전화를
	당신은		결혼을
	당신은		이사를
	당신은		취업을

bao giờ + 주어 + (sẽ) ~ ?

Bao giờ	chị	**(sẽ)**	về nước ?
	chị		xuất cảnh?
	anh		gọi điện cho em?
	anh		lấy vợ?
	bạn		chuyển nhà?
	em		xin việc?

016

어때요?

그의 성격은	어때요?
이 음식은 맛이	
지금 기분이	
요즘 당신	
사이공 날씨는	
당신의 의견은	

명사 + thế nào?

Tính cách của anh ấy	thế nào?
Vị món ăn này	
Bây giờ tâm trạng	
Dạo này bạn	
Thời tiết Sài Gòn	
Ý kiến của bạn	

016

어때요?

그의 성격은 이 음식은 맛이 지금 기분이 요즘 당신 사이공 날씨는 당신의 의견은	**어때요?**

명사 + thế nào?

Tính cách của anh ấy	thế nào?
Vị món ăn này	
Bây giờ tâm trạng	
Dạo này bạn	
Thời tiết Sài Gòn	
Ý kiến của bạn	

017

어떻게 ~ 합니까?

여기부터 거기까지	어떻게	갑니까?
이 사과는		팝니까?
당신은		지내고 있습니까?
이것은		사용합니까?
만약 안된다면		해야 합니까?
비용은		지불해야 합니까?

동사 + thế nào?

Từ đây đến đó	đi	**thế nào?**
Quả táo này	bán	
Anh	đang sống	
Cái này	sử dụng	
Nếu không được thì	làm	
Chi phí	phải thanh toán	

■ 'thế nào' 는 '어때요? / 어떻게?' 와 같이 2가지로 해석이 가능하다. 명사만 있는 문장에서는 서술어의 역할로 '명사 + 어때요?' 와 같이 해석되고, 서술어가 있는 문장에서는 '어떻게 ~ 합니까?' 로 바꿔서 해석할 수 있다.

017

어떻게 ~ 합니까?

여기부터 거기까지	갑니까?	어떻게
이 사과는	팝니까?	
당신은	지내고 있습니까?	
이것은	사용합니까?	
만약 안된다면	해야 합니까?	
비용은	지불해야 합니까?	

동사 + thế nào?

Từ đây đến đó	đi	**thế nào?**
Quả táo này	bán	
Anh	đang sống	
Cái này	sử dụng	
Nếu không được thì	làm	
Chi phí	phải thanh toán	

018

왜

왜	당신은 아직 안옵니까? 당신은 일본어를 공부합니까? 당신은 여기서 일하길 원합니까? 당신은 그녀를 사랑합니까? 그 가수는 유명합니까? 그 집을 빌리길 원합니까?

(tại) sao

(Tại) sao	chị chưa đến nhỉ?
	bạn học tiếng Nhật?
	bạn muốn làm ở đây?
	anh yêu chị ấy?
	ca sĩ đó nổi tiếng?
	muốn thuê nhà đó?

■ '(tại) sao 외에 'vì sao' 와 같은 형태로도 사용할 수 있다.

018

왜

왜

당신은 아직 안옵니까?

당신은 일본어를 공부합니까?

당신은 여기서 일하길 원합니까?

당신은 그녀를 사랑합니까?

그 가수는 유명합니까?

그 집을 빌리길 원합니까?

(tại) sao

(Tại) sao

chị chưa đến nhỉ?

bạn học tiếng Nhật?

bạn muốn làm ở đây?

anh yêu chị ấy?

ca sĩ đó nổi tiếng?

muốn thuê nhà đó?

019

~ (했)어요?

당신은 이 문장을 이해

당신은 결혼을

당신은 점심식사를

당신은 술을 마셨

당신은 일을 마쳤

당신은 테이블을 예약

(했)어요?

(đã) ~ chưa?

Bạn	(đã)	hiểu câu này	chưa?
Anh		lập gia đình	
Anh		ăn trưa	
Chị		uống rượu	
Anh		làm xong	
Bạn		đặt bàn	

■ '결혼하다'의 베트남어 표현으로는 kết hôn / lập gia đình / có gia đình / lấy vợ (부인) / lấy chồng (남편) / cưới 와 같이 다양하게 쓰일 수 있다.

019

~ (했)어요?

당신은	이 문장을 이해	(했)어요?
당신은	결혼을	
당신은	점심식사를	
당신은	술을 마셨	
당신은	일을 마쳤	
당신은	테이블을 예약	

(đã) ~ chưa?

Bạn	(đã)	hiểu câu này	chưa?
Anh		lập gia đình	
Anh		ăn trưa	
Chị		uống rượu	
Anh		làm xong	
Bạn		đặt bàn	

020

~ (해) 본 적이 있나요?

당신은 아오자이를 입어
당신은 분짜를 먹어
당신은 베트남에 가
당신은 쌀국수를 요리해
당신은 오토바이를 타
당신은 세계여행을 가

본 적이 있나요?

(đã) ~ bao giờ chưa?

Chị	(đã)	mặc áo dài	bao giờ chưa?
Anh		ăn bún chả	
Em		đến Việt Nam	
Cô		nấu món phở	
Em		đi xe máy	
Bạn		đi du lịch thế giới	

■ 'đã bao giờ ~ chưa?' 의 형태로도 사용이 가능하며, 동일한 의미의 다른 표현으로 'đã ~ lần nào chưa?' 도 있다.

020

~ (해) 본 적이 있나요?

당신은	아오자이를 입어	
당신은	분짜를 먹어	
당신은	베트남에 가	본 적이 있나요?
당신은	쌀국수를 요리해	
당신은	오토바이를 타	
당신은	세계여행을 가	

(đã) ~ bao giờ chưa?

Chị	(đã)	mặc áo dài	bao giờ chưa?
Anh		ăn bún chả	
Em		đến Việt Nam	
Cô		nấu món phở	
Em		đi xe máy	
Bạn		đi du lịch thế giới	

021

곧 ~ (합)니까?

당신은	곧	도착	(합)니까?
당신은		결혼을	
당신은		시험 칩	
비행기가		착륙	
커피숍은		문을 엽	
영화가		끝납	

sắp ~ chưa?

Anh	sắp	đến	chưa?
Chị		kết hôn	
Bạn		thi	
Máy bay		hạ cánh	
Quán cà phê		mở cửa	
Phim		kết thúc	

021

곧 ~ (합)니까?

당신은	곧	도착	(합)니까?
당신은		결혼을	
당신은		시험 칩	
비행기가		착륙	
커피숍은		문을 엽	
영화가		끝납	

sắp ~ chưa?

Anh	sắp	đến	chưa?
Chị		kết hôn	
Bạn		thi	
Máy bay		hạ cánh	
Quán cà phê		mở cửa	
Phim		kết thúc	

022

~ (할) 수 있습니까?

당신은 운전할	수 있습니까?
우리는 7시에 만날	
제가 이 컴퓨터를 사용할	
당신은 이 문장을 번역할	
당신은 나와 함께 놀러 갈	
우리는 자동차로 갈	

~ được không?

Chị lái xe	được không?
Chúng ta gặp lúc 7 giờ	
Tôi dùng máy vi tính này	
Anh dịch câu này	
Bạn đi chơi với mình	
Chúng ta đi bằng xe hơi	

022

~ (할) 수 있습니까?

당신은 운전할	수 있습니까?
우리는 7시에 만날	
제가 이 컴퓨터를 사용할	
당신은 이 문장을 번역할	
당신은 나와 함께 놀러 갈	
우리는 자동차로 갈	

~ được không?

Chị lái xe	được không?
Chúng ta gặp lúc 7 giờ	
Tôi dùng máy vi tính này	
Anh dịch câu này	
Bạn đi chơi với mình	
Chúng ta đi bằng xe hơi	

023

그렇죠?

확실하죠.

쌀국수 맛있죠.

이번 주 주말 가능하죠.

당신은 준비를 마쳤죠.

우리는 다시 만날거죠.

(여)선생님은 여전히 잘 지내시죠.

그렇죠?

chứ?

Chắc chắn	chứ?
Món phở ngon	
Cuối tuần này được	
Bạn chuẩn bị xong	
Chúng ta gặp lại	
Cô giáo vẫn khỏe	

■ 'chứ' 는 문미에 위치하여 상대방의 확신을 기대하는 대답에 쓰는 문장끝조사로, 질문뿐만 아니라 확신에 찬 대답으로 사용해도 된다.

023

그렇죠?

확실하죠.

쌀국수 맛있죠.

이번 주 주말 가능하죠.

당신은 준비를 마쳤죠.

우리는 다시 만날거죠.

(여)선생님은 여전히 잘 지내시죠.

그렇죠?

chứ?

Chắc chắn
Món phở ngon
Cuối tuần này được
Bạn chuẩn bị xong
Chúng ta gặp lại
Cô giáo vẫn khỏe

chứ?

02

접속사와
결합하는
패턴

024

그런데 / 그리고

나는 잘 지냅니다.		당신은요?
우리 아빠는 키가 작습니다.		우리 엄마는 키가 큽니다.
그녀는 볶음밥을 먹습니다.	**그런데**	나는 쌀국수를 먹습니다.
그는 영어를 배웁니다.	**/ 그리고**	그녀는 베트남어를 배웁니다.
이 집은 정말 넓습니다.		저 집은 정말 좁습니다.
나는 빨간색을 좋아합니다		당신은 어떤색이 좋습니까?

còn

Tôi khỏe.	còn	anh?
Bố tôi thấp.	còn	mẹ tôi cao.
Chị ấy ăn cơm rang.	còn	tôi ăn phở.
Anh ấy học tiếng Anh.	còn	chị ấy học tiếng Việt.
Nhà này rất rộng.	còn	nhà kia rất hẹp.
Tôi thích màu đỏ.	còn	bạn thích màu nào?

024

그런데 / 그리고

나는 잘 지냅니다.	그런데 / 그리고	당신은요?
우리 아빠는 키가 작습니다.		우리 엄마는 키가 큽니다.
그녀는 볶음밥을 먹습니다.		나는 쌀국수를 먹습니다.
그는 영어를 배웁니다.		그녀는 베트남어를 배웁니다.
이 집은 정말 넓습니다.		저 집은 정말 좁습니다.
나는 빨간색을 좋아합니다		당신은 어떤색이 좋습니까?

còn

Tôi khỏe.	còn	anh?
Bố tôi thấp.		mẹ tôi cao.
Chị ấy ăn cơm rang.		tôi ăn phở.
Anh ấy học tiếng Anh.		chị ấy học tiếng Việt.
Nhà này rất rộng.		nhà kia rất hẹp.
Tôi thích màu đỏ.		bạn thích màu nào?

025

A 와(과) B

베트남	**와 / 과**	한국은	서로 닮았습니다
오렌지		포도는	모두 과일입니다.
토요일		일요일은	쉬는 날입니다.
내 친구		나는	열심히 공부합니다.
음악 감상		노래하기는	내 취미입니다.
이론		실제는	항상 다릅니다.

A và B

Việt Nam	và	Hàn Quốc	giống nhau.
Cam		nho	đều là trái cây.
Thứ 7		chủ nhật	là ngày nghỉ.
Bạn tôi		tôi	học chăm chỉ.
Nghe nhạc		hát	là sở thích của tôi.
Lý luận		thực tế	luôn khác.

025

A 와(과) B

베트남	와/ 과	한국은	서로 닮았습니다.
오렌지		포도는	모두 과일입니다.
토요일		일요일은	쉬는 날입니다.
내 친구		나는	열심히 공부합니다.
음악 감상		노래하기는	내 취미입니다.
이론		실제는	항상 다릅니다.

A và B

Việt Nam	và	Hàn Quốc	giống nhau.
Cam	và	nho	đều là trái cây.
Thứ 7	và	chủ nhật	là ngày nghỉ.
Bạn tôi	và	tôi	học chăm chỉ.
Nghe nhạc	và	hát	là sở thích của tôi.
Lý luận	và	thực tế	luôn khác.

026

~ 지만

오늘 나는 바쁘		내일은 한가합니다.
이 옷은 비싸		나는 사고 싶습니다.
비가 많이 오	지만	학교를 가야만 합니다.
그는 정말 피곤하		일을 해야 합니다.
나는 많이 아프		쉴 수 없습니다.
기차는 느리		표 값이 더 쌉니다.

~ nhưng (mà)

Hôm nay tôi bận	nhưng (mà)	ngày mai rảnh.
Cái áo này đắt		tôi muốn mua.
Trời mưa to		tôi phải đi học.
Anh ấy rất mệt		phải làm việc.
Tôi bị ốm nặng		không nghỉ được.
Xe lửa chậm		giá vé rẻ hơn.

■ '그러나, 하지만' 의미의 접속사로 'nhưng mà', 'nhưng', 'mà' 의 3가지의 다른 형태로 사용할 수 있다.

026

~ 지만

오늘 나는 바쁘		내일은 한가합니다.
이 옷은 비싸		나는 사고 싶습니다.
비가 많이 오	**지만**	학교를 가야만 합니다.
그는 정말 피곤하		일을 해야 합니다.
나는 많이 아프		쉴 수 없습니다.
기차는 느리		표 값이 더 쌉니다.

~ nhưng (mà)

Hôm nay tôi bận	nhưng (mà)	ngày mai rảnh.
Cái áo này đắt		tôi muốn mua.
Trời mưa to		tôi phải đi học.
Anh ấy rất mệt		phải làm việc.
Tôi bị ốm nặng		không nghỉ được.
Xe lửa chậm		giá vé rẻ hơn.

027

~ (해)서

날씨가 좋아		나는 놀러 갈 겁니다.
내 동생은 뚱뚱해		운동을 합니다.
차가 고장나	서	늦게 집에 왔습니다.
이번 시험은 어려워		공부를 많이 해야합니다.
나는 커피를 좋아해		매일 마십니다.
나는 미국에 가길 원해		영어를 공부합니다.

~ nên

Trời nắng	nên	tôi sẽ đi chơi.
Em tôi béo		tập thể dục.
Xe hơi bị hỏng		về nhà muộn.
Bài thi này khó		phải học nhiều.
Tôi thích cà phê		uống mỗi ngày.
Tôi muốn đi Mỹ		học tiếng Anh

027

~ (해)서

날씨가 좋아		나는 놀러 갈 겁니다.
내 동생은 뚱뚱해		운동을 합니다.
차가 고장나		늦게 집에 왔습니다.
이번 시험은 어려워	서	공부를 많이 해야합니다.
나는 커피를 좋아해		매일 마십니다.
나는 미국에 가길 원해		영어를 공부합니다.

~ nên

Trời nắng	nên	tôi sẽ đi chơi.
Em tôi béo		tập thể dục.
Xe hơi bị hỏng		về nhà muộn.
Bài thi này khó		phải học nhiều.
Tôi thích cà phê		uống mỗi ngày.
Tôi muốn đi Mỹ		học tiếng Anh

028

~ 때문에

미국에 유학을 가기	때문에	나는 영어를 배웁니다.
그의 충고		나는 변호사가 되었습니다.
많이 먹었기		그녀는 살이 쪘습니다.
날씨가 추웠기		나는 심한 감기에 걸렸습니다.
차가 막히기		나는 빨리 갈 수 없습니다.
돈이 없기		나는 선물을 살 수 없습니다.

vì ~

Tôi học tiếng Anh.	vì	đi du học ở Mỹ.
Tôi đã trở thành luật sư		lời khuyên anh ấy.
Chị ấy lên cân		ăn nhiều.
Tôi bị cảm nặng		trời lạnh.
Tôi không thể đi nhanh		tắc đường.
Tôi không thể mua quà		không có tiền.

■ 'vì' 외에 'bởi vì, 'tại vì' 의 형태로도 사용할 수 있다.

028

~ 때문에

나는 영어를 배웁니다.		미국에 유학을 가기
나는 변호사가 되었습니다.		그의 충고
그녀는 살이 쪘습니다.	때문에	많이 먹었기
나는 심한 감기에 걸렸습니다.		날씨가 추웠기
나는 빨리 갈 수 없습니다.		차가 막히기
나는 선물을 살 수 없습니다.		돈이 없기

vì ~

Tôi học tiếng Anh.	vì	đi du học ở Mỹ.
Tôi đã trở thành luật sư		lời khuyên anh ấy.
Chị ấy lên cân		ăn nhiều.
Tôi bị cảm nặng		trời lạnh.
Tôi không thể đi nhanh		tắc đường.
Tôi không thể mua quà		không có tiền.

029

때

밥을 먹을	때	TV를 보지 마십시오.
시간이 있을		당신은 다시 연락하십시오.
그가 노래할		나는 즐겁게 춤을 춥니다.
여동생이 잘		나는 방을 청소합니다.
그녀가 그리울		나는 그녀 사진을 봅니다.
할머니가 돌아가셨을		나는 많이 울었습니다.

khi ~

Khi	ăn cơm,	đừng xem ti vi.
	có thời gian,	bạn liên lạc lại nhé.
	anh ấy hát,	tôi nhảy cho vui.
	em gái ngủ,	tôi dọn phòng.
	nhớ chị ấy,	tôi nhìn ảnh chị ấy.
	bà qua đời,	tôi đã khóc nhiều.

■ 'khi + 명사' 와 같은 형태는 존재 할 수 없으며, 'khi + (주어) + 동사' 나 'khi + 동사' 의 형태로만 사용할 수 있다.

029

때

때	밥을 먹을	TV를 보지 마십시오.
	시간이 있을	당신은 다시 연락하십시오.
	그가 노래할	나는 즐겁게 춤을 춥니다.
	여동생이 잘	나는 방을 청소합니다.
	그녀가 그리울	나는 그녀 사진을 봅니다.
	할머니가 돌아가셨을	나는 정말 많이 울었습니다.

khi ~

Khi	ăn cơm,	đừng xem ti vi.
	có thời gian,	bạn liên lạc lại nhé.
	anh ấy hát,	tôi nhảy cho vui.
	em gái ngủ,	tôi dọn phòng.
	nhớ chị ấy,	tôi nhìn ảnh chị ấy.
	bà qua đời,	tôi đã khóc nhiều.

030

~ 에 / 때

저녁 8시	에	나는 귀가합니다.
이른 아침		그 식당은 문을 엽니다.
학생이었을	때	나는 공부를 잘했습니다.
50살이 되었을		나는 건물을 사고 싶습니다.
황혼이 질		나는 고독을 느낍니다.
어렸을		나는 많은 꿈이 있었습니다.

lúc ~

Tôi đi về nhà	lúc	8(tám) giờ tối.
Quán ăn đó mở cửa		sáng sớm.
Tôi học giỏi		còn là học sinh.
Tôi muốn mua tòa nhà		50(năm mươi) tuổi.
Tôi cảm thấy cô đơn		hoàng hôn lặn.
Tôi đã có nhiều ước mơ		còn trẻ.

030

~ 에 / 때

나는 귀가합니다 .	에	저녁 8시
그 식당은 문을 엽니다.		이른 아침
나는 공부를 잘했습니다.		학생이었을
나는 건물을 사고 싶습니다.	때	50살이 되었을
나는 고독을 느낍니다.		황혼이 질
나는 많은 꿈이 있었습니다.		어렸을

lúc ~

Tôi đi về nhà	lúc	8(tám) giờ tối.
Quán ăn đó mở cửa		sáng sớm.
Tôi học giỏi		còn là học sinh.
Tôi muốn mua tòa nhà		50(năm mươi) tuổi.
Tôi cảm thấy cô đơn		hoàng hôn lặn.
Tôi đã có nhiều ước mơ		còn trẻ.

031

~ 전에

밥을 먹기	전에	손을 씻으세요.
시험 치기		다시 복습을 하세요.
일을 하기		나는 커피를 마십니다.
남자친구를 만나기		나는 화장을 합니다.
자러 가기		나는 음악을 듣습니다.
졸업 하기		나는 시험에 합격해야 합니다.

trước khi ~

Trước khi	ăn cơm,	rửa tay nhé.
	thi,	ôn tập lại nhé.
	làm việc,	tôi uống cà phê.
	gặp bạn trai,	tôi trang điểm.
	đi ngủ,	tôi nghe nhạc.
	tốt nghiệp,	tôi phải thi đỗ tốt nghiệp.

031

~ 전에

전에	밥을 먹기	손을 씻으세요.
	시험 치기	다시 복습을 하세요.
	일을 하기	나는 커피를 마십니다.
	남자친구를 만나기	나는 화장을 합니다.
	자러 가기	나는 음악을 듣습니다.
	졸업 하기	나는 시험에 합격해야 합니다.

trước khi ~

Trước khi	ăn cơm,	rửa tay nhé.
	thi,	ôn tập lại nhé.
	làm việc,	tôi uống cà phê.
	gặp bạn trai,	tôi trang điểm.
	đi ngủ,	tôi nghe nhạc.
	tốt nghiệp,	tôi phải thi đỗ tốt nghiệp.

032

~ 동안에

내가 공부하는	동안에	내 동생은 책을 읽습니다.
밥을 먹는		시끄럽게 떠들지 마십시오.
버스를 기다리는		나는 많은 친구들을 만났습니다.
그녀를 사랑하는		나는 많은 어려움이 있었습니다.
그를 기다리는		나는 음악을 듣습니다.
술을 마시는		나는 그녀를 떠올립니다.

trong khi ~

Trong khi	tôi học,	em tôi đọc sách.
	ăn cơm,	đừng nói ầm ĩ.
	đợi xe buýt,	tôi đã gặp nhiều bạn bè.
	yêu cô ấy,	tôi đã gặp nhiều khó khăn.
	chờ anh ấy,	tôi nghe nhạc.
	uống rượu,	tôi nhớ đến chị ấy.

032

~ 동안에

동안에	내가 공부하는	내 동생은 책을 읽습니다.
	밥을 먹는	시끄럽게 떠들지 마십시오.
	버스를 기다리는	나는 많은 친구들을 만났습니다.
	그녀를 사랑하는	나는 많은 어려움이 있었습니다.
	그를 기다리는	나는 음악을 듣습니다.
	술을 마시는	나는 그녀를 떠올립니다.

trong khi ~

Trong khi	tôi học,	em tôi đọc sách.
	ăn cơm,	đừng nói ầm ĩ.
	đợi xe buýt,	tôi đã gặp nhiều bạn bè.
	yêu cô ấy,	tôi đã gặp nhiều khó khăn.
	chờ anh ấy,	tôi nghe nhạc.
	uống rượu,	tôi nhớ đến chị ấy.

033

~ 후에

졸업을 한	후에	당신은 무엇을 하길 원합니까?
직진을 한		당신은 우회전 하십시오.
저녁을 먹은		그 애는 이를 닦습니다.
일기를 쓴		나는 자러 갑니다.
커피를 마신		그는 담배를 핍니다.
일을 마친		우리는 다시 만납시다

sau khi ~

Sau khi	tốt nghiệp	bạn muốn làm gì?
	đi thẳng,	anh rẽ phải nhé.
	ăn tối,	em ấy đánh răng.
	viết nhật ký,	tôi đi ngủ.
	uống cà phê,	anh ấy hút thuốc.
	làm xong,	chúng ta gặp lại nhé.

trước + 명사 명사 + trước	~ 전에	trước khi + (주어) + 동사	~ 하기 전에
trong + 명사	~ 동안	trong khi + (주어) + 동사	~ 하는 동안
sau + 명사 명사 + sau	~ 후에	sau khi + (주어) + 동사	~ 한 후에

033

~ 후에

후에	졸업을 한	당신은 무엇을 하길 원합니까?
	직진을 한	당신은 우회전 하십시오.
	저녁을 먹은	그 애는 이를 닦습니다.
	일기를 쓴	나는 자러 갑니다.
	커피를 마신	그는 담배를 핍니다.
	일을 마친	우리는 다시 만납시다.

sau khi ~

Sau khi	tốt nghiệp	bạn muốn làm gì?
	đi thẳng,	anh rẽ phải nhé.
	ăn tối,	em ấy đánh răng.
	viết nhật ký,	tôi đi ngủ.
	uống cà phê,	anh ấy hút thuốc.
	làm xong,	chúng ta gặp lại nhé.

034

~ 후에

아빠는 아침을 드신	후에	신문을 읽습니다.
비가 그치고 난		햇살이 비칩니다.
나는 표를 산		기차를 탑니다.
나는 일어난		따뜻한 커피를 마십니다.
나는 공부를 많이 한		비로소 베트남을 이해했습니다.
봄이 지난		여름이 옵니다.

~ rồi

<table>
<tr><td>Bố tôi ăn sáng</td><td rowspan="6">rồi</td><td>đọc báo.</td></tr>
<tr><td>Mưa tạnh</td><td>trời nắng.</td></tr>
<tr><td>Tôi mua vé</td><td>lên xe lửa.</td></tr>
<tr><td>Tôi thức dậy</td><td>uống cà phê nóng.</td></tr>
<tr><td>Tôi đã học nhiều</td><td>mới hiểu Việt Nam.</td></tr>
<tr><td>Mùa xuân qua</td><td>mùa hè tới.</td></tr>
</table>

■ 'rồi'는 '이미~했다' 라는 완료형으로 문장 끝에서 주로 쓰이나, 위와 같이 앞의 행동과 다음 행동을 연결해 주는 역할 즉, 동사와 동사를 이어주는 접속어 역할을 하며 시간적 전후의 의미를 가진다.

034

~ 후에

아빠는 아침을 드신	후에	신문을 읽습니다.
비가 그치고 난		햇살이 비칩니다.
나는 표를 산		기차를 탑니다.
나는 일어난		따뜻한 커피를 마십니다.
나는 공부를 많이 한		비로소 베트남을 이해했습니다.
봄이 지난		여름이 옵니다.

~ rồi

Bố tôi ăn sáng	rồi	đọc báo.
Mưa tạnh		trời nắng.
Tôi mua vé		lên xe lửa.
Tôi thức dậy		uống cà phê nóng.
Tôi đã học nhiều		mới hiểu Việt Nam.
Mùa xuân qua		mùa hè tới.

035

~ (하지) 않도록

늦지	않도록	나는 바로 가야만 합니다.
사기 당하지		당신은 항상 조심해야 합니다.
실패하지		나는 꼼꼼히 준비합니다.
비를 맞지		나갈 때 우산을 챙기십시오.
감기 걸리지		나는 코트를 입습니다.
살이 찌지		저는 적게 먹습니다.

kẻo ~

Tôi phải đi ngay	kẻo	muộn.
Bạn phải luôn cẩn thận		bị lừa.
Tôi phải chuẩn bị kĩ		thất bại.
Hãy mang ô đi ra ngoài		bị mắc mưa.
Tôi phải mặc áo choàng		bị cảm.
Em ăn ít cơm		lên cân.

035

~ (하지) 않도록

나는 바로 가야만 합니다.	않도록	늦지
당신은 항상 조심해야 합니다.		사기 당하지
나는 꼼꼼히 준비합니다.		실패하지
나갈 때 우산을 챙기십시오.		비를 맞지
나는 코트를 입습니다.		감기 걸리지
저는 적게 먹습니다.		살이 찌지

kẻo ~

Tôi phải đi ngay	kẻo	muộn.
Bạn phải luôn cẩn thận		bị lừa.
Tôi phải chuẩn bị kĩ		thất bại.
Hãy mang ô đi ra ngoài		bị mắc mưa.
Tôi phải mặc áo choàng		bị cảm.
Em ăn ít cơm		lên cân.

036

~ 하거나 / 아니면

당신은 주스를 마십니까?		커피를 마십니까?
여기서 드실 겁니까?	**아니면**	가져 가실 겁니까?
당신은 베트남이 좋습니까?		태국이 좋습니까?
당신은 약을 복용		치료를 받아야 합니다.
나는 독서를	**하거나**	쇼핑을 합니다.
나는 이 곳에서 일을		유학을 갈 것입니다.

hay (là) ~

<table>
<tr><td>Anh uống sinh tố</td><td rowspan="6">hay (là)</td><td>uống cà phê?</td></tr>
<tr><td>Bạn dùng ở đây</td><td>mang về?</td></tr>
<tr><td>Chị thích Việt Nam</td><td>thích Thái Lan?</td></tr>
<tr><td>Anh uống thuốc</td><td>phải khám bệnh.</td></tr>
<tr><td>Tôi đọc sách</td><td>mua sắm.</td></tr>
<tr><td>Tôi làm việc ở đây</td><td>sẽ đi du học.</td></tr>
</table>

■ 'hay' 가 선택의문문에 쓰일 때는, 의문사의 역할이 되면서 자연스럽게 의문문이 만들어진다.

036

~ 하거나 / 아니면

당신은 주스를 마십니까?	아니면	커피를 마십니까?
여기서 드실 겁니까?		가져 가실 겁니까?
당신은 베트남이 좋습니까?		태국이 좋습니까?
당신은 약을 복용	하거나	치료를 받아야 합니다.
나는 독서를		쇼핑을 합니다.
나는 이 곳에서 일을		유학을 갈 것입니다.

hay (là) ~

Anh uống sinh tố	hay (là)	uống cà phê?
Bạn dùng ở đây		mang về?
Chị thích Việt Nam		thích Thái Lan?
Anh uống thuốc		phải khám bệnh.
Tôi đọc sách		mua sắm.
Tôi làm việc ở đây		sẽ đi du học.

037

만약

만약	내가 당신이라면	나는 다시 시작할 겁니다.
	돈이 있다면	나는 여행을 갈 것입니다.
	날씨가 좋다면	나는 등산을 갈 것입니다.
	당신이 힘들면	이 곳에서 쉴 수 있습니다.
	비가 온다면	나는 집에 있을 겁니다.
	무슨 일이 있으면	연락을 하십시오.

nếu

Nếu	tôi là bạn	thì	tôi sẽ bắt đầu lại.
	có tiền		tôi sẽ đi du lịch.
	trời đẹp		tôi sẽ đi leo núi.
	anh vất vả		có thể nghỉ ở đây.
	trời mưa		tôi sẽ ở nhà.
	có việc gì		hãy liên lạc nhé.

■ 'thì' 는 앞의 조건을 강조하기 위해 사용되며 생략이 가능하다.

037

만약

만약	내가 당신이라면	나는 다시 시작할 겁니다.
	돈이 있다면	나는 여행을 갈 것입니다.
	날씨가 좋다면	나는 등산을 갈 것입니다.
	당신이 힘들면	이 곳에서 쉴 수 있습니다.
	비가 온다면	나는 집에 있을 겁니다.
	무슨 일이 있으면	연락을 하십시오.

nếu

Nếu	tôi là bạn	thì	tôi sẽ bắt đầu lại.
	có tiền		tôi sẽ đi du lịch.
	trời đẹp		tôi sẽ đi leo núi.
	anh vất vả		có thể nghỉ ở đây.
	trời mưa		tôi sẽ ở nhà.
	có việc gì		hãy liên lạc nhé.

03

조동사와
결합하는
패턴

038

~ (했)습니다

나는	그 문장을 이해했	습니다.
버스는	출발했	
어젯밤 그녀는	맥주를 많이 마셨	
나와 내 친구는	열심히 공부했	
오늘 나는	많은 행운을 만났	
우리는	서로 이별했	

(đã) ~ rồi

Tôi	(đã)	hiểu câu đó	rồi
Xe buýt		xuất phát	
Đêm qua cô ấy		uống nhiều bia	
Tôi và bạn tôi		học chăm chỉ	
Hôm nay tôi		gặp nhiều may	
Chúng tôi		chia tay nhau	

■ 'đã' 는 과거시제의 의미로 동사 앞에 위치하며, 완료형인 'rồi' (이미 ~ 했다)와 같이 사용할 수 있다.

038

~ (했)습니다

나는	그 문장을 이해했	
버스는	출발했	
어젯밤 그녀는	맥주를 많이 마셨	습니다.
나와 내 친구는	열심히 공부했	
오늘 나는	많은 행운을 만났	
우리는	서로 이별했	

(đã) ~ rồi

Tôi	(đã)	hiểu câu đó	rồi
Xe buýt		xuất phát	
Đêm qua cô ấy		uống nhiều bia	
Tôi và bạn tôi		học chăm chỉ	
Hôm nay tôi		gặp nhiều may	
Chúng tôi		chia tay nhau	

039

~ (한) 적이 있습니다

나는	하노이에 산	**적이 있습니다.**
나는	어디선가 그녀를 만난	
나는	인도 영화를 본	
나는	그녀와의 결혼을 후회한	
그는	베트남 출장을 간	
우리는	서로 함께 일한	

(đã) từng ~

Tôi	(đã) từng	sống ở Hà Nội.
Tôi		gặp chị ấy ở đâu đó.
Tôi		xem phim Ấn Độ.
Tôi		hối hận khi kết hôn với vợ.
Anh ấy		đi công tác Việt Nam.
Chúng ta		làm việc với nhau.

039

~ (한) 적이 있습니다

나는		하노이에 산
나는		어디선가 그녀를 만난
나는		인도 영화를 본
나는	적이 있습니다.	그녀와의 결혼을 후회한
그는		베트남 출장을 간
우리는		서로 함께 일한

(đã) từng ~

Tôi	(đã) từng	sống ở Hà Nội.
Tôi		gặp chị ấy ở đâu đó.
Tôi		xem phim Ấn Độ.
Tôi		hối hận khi kết hôn với vợ.
Anh ấy		đi công tác Việt Nam.
Chúng ta		làm việc với nhau.

040

방금 ~ (했)습니다

나는	**방금**	집에 왔습니다.
		커피를 마셨습니다.
		회사에 왔습니다.
		출장을 다녀왔습니다.
		비행기 표를 예약했습니다.
		동료를 만났습니다.

mới ~

Tôi	**mới**	về nhà.
		uống cà phê.
		đến công ty.
		đi công tác về.
		đặt vé máy bay.
		gặp đồng nghiệp.

■ 'mới' 는 근접과거시제 의미 외에도, '새로운', '비로소 ~ 하다' 의 의미로도 사용된다.

040

방금 ~ (했)습니다

나는	**방금**	집에 왔습니다. 커피를 마셨습니다. 회사에 왔습니다. 출장을 다녀왔습니다. 비행기 표를 예약했습니다. 동료를 만났습니다.

mới ~

Tôi	**mới**	về nhà. uống cà phê. đến công ty. đi công tác về. đặt vé máy bay. gặp đồng nghiệp.

041

방금 ~ (했)습니다

나는	방금	버스를 탔습니다.
나는		일어났습니다.
그는		나갔습니다.
그들은		결혼했습니다.
우리는		만났습니다.
이 책은		출간 되었습니다.

vừa ~

Tôi	vừa	lên xe buýt.
Tôi	vừa	thức dậy.
Nó	vừa	đi ra ngoài.
Họ	vừa	kết hôn.
Chúng tôi	vừa	gặp nhau.
Quyển sách này	vừa	được xuất bản.

■ 'vừa' 와 'mới' 를 같이 사용하는 'vừa mới' 도 근접과거의 표현이다.

041

방금 ~ (했)습니다

나는	방금	버스를 탔습니다.
나는		일어났습니다.
그는		나갔습니다.
그들은		결혼했습니다.
우리는		만났습니다.
이 책은		출간 되었습니다.

vừa ~

Tôi	**vừa**	lên xe buýt.
Tôi		thức dậy.
Nó		đi ra ngoài.
Họ		kết hôn.
Chúng tôi		gặp nhau.
Quyển sách này		được xuất bản.

042

~ 중입니다

아빠는	차를 고치는	중입니다.
엄마는	요리하는	
언니/누나는	숙제를 하는	
오빠/형은	방 청소를 하는	
그는	입원	
그 일은	조사	

đang ~

Bố	đang	sửa xe.
Mẹ	đang	nấu ăn.
Chị gái	đang	làm bài tập.
Anh trai	đang	dọn phòng.
Anh ấy	đang	nằm viện.
Sự việc đó	đang	điều tra.

042

~ 중입니다

아빠는		차를 고치는
엄마는		요리하는
언니/누나는		숙제를 하는
오빠/형은	**중입니다.**	방 청소를 하는
그는		입원
그 일은		조사

đang ~

Bố	đang	sửa xe.
Mẹ		nấu ăn.
Chị gái		làm bài tập.
Anh trai		dọn phòng.
Anh ấy		nằm viện.
Sự việc đó		điều tra.

043

곧

나는		쇼핑을 갈 것입니다.
저희는		결혼을 할 것입니다.
그녀는	곧	고향을 떠날 것입니다.
나는		수업에 들어갈 것입니다.
지금		시작할 것입니다.
비행기가		이륙할 것입니다.

sắp

Tôi		đi mua sắm.
Chúng em		kết hôn.
Chị ấy	sắp	rời quê.
Tôi		vào lớp học.
Bây giờ		bắt đầu.
Máy bay		cất cánh.

043

곧

나는	곧	쇼핑을 갈 것입니다.
저희는		결혼을 할 것입니다.
그녀는		고향을 떠날 것입니다.
나는		수업에 들어갈 것입니다.
지금		시작할 것입니다.
비행기가		이륙할 것입니다.

sắp

Tôi	sắp	đi mua sắm.
Chúng em		kết hôn.
Chị ấy		rời quê.
Tôi		vào lớp học.
Bây giờ		bắt đầu.
Máy bay		cất cánh.

044

~ (할) 예정입니다

나는	여행을 갈	예정입니다.
나는	그 일을 할	
그는	친구와 밥을 먹을	
그녀는	새 집을 살	
그는	베트남어 수업을 등록할	
우리는	이 방을 예약할	

định ~

Tôi	định	đi du lịch.
Tôi		làm việc đó.
Anh ấy		ăn cơm với bạn.
Cô ấy		mua nhà mới.
Nó		đăng ký lớp tiếng Việt.
Chúng tôi		đặt phòng này.

044

~ (할) 예정입니다

나는		여행을 갈
나는		그 일을 할
그는		친구와 밥을 먹을
그녀는	예정입니다.	새 집을 살
그는		베트남어 수업을 등록할
우리는		이 방을 예약할

định ~

Tôi	định	đi du lịch.
Tôi		làm việc đó.
Anh ấy		ăn cơm với bạn.
Cô ấy		mua nhà mới.
Nó		đăng ký lớp tiếng Việt.
Chúng tôi		đặt phòng này.

045

~ (할) 것입니다

나는	열심히 공부할	것입니다.
나는	다이어트할	
저는	당신을 잊을	
우리는	숙소에 있을	
그가	다시 연락할	
비가	올	

sẽ ~

Tôi	sẽ	học chăm chỉ.
Tôi		ăn kiêng.
Em		quên anh.
Chúng tôi		ở nhà nghỉ.
Anh ấy		liên lạc lại.
Trời		mưa.

045

~ (할) 것입니다

나는	것입니다.	열심히 공부할
나는		다이어트할
저는		당신을 잊을
우리는		숙소에 있을
그가		다시 연락할
비가		올

sẽ ~

Tôi	sẽ	học chăm chỉ.
Tôi		ăn kiêng.
Em		quên anh.
Chúng tôi		ở nhà nghỉ.
Anh ấy		liên lạc lại.
Trời		mưa.

046

~ (하고) 싶습니다

나는	그에 대해 알고 그와 결혼하고 돈을 많이 벌고 이곳에서 일하고 머리를 염색하고 의사가 되고	**싶습니다.**

muốn ~

Tôi	**muốn**	biết về anh ấy.
		kết hôn với anh ấy.
		kiếm nhiều tiền.
		làm việc ở đây.
		nhuộm tóc.
		trở thành bác sĩ.

046

~ (하고) 싶습니다

나는	그에 대해 알고 그와 결혼하고 돈을 많이 벌고 이곳에서 일하고 머리를 염색하고 의사가 되고	싶습니다.

muốn ~

Tôi	**muốn**	biết về anh ấy.
		kết hôn với anh ấy.
		kiếm nhiều tiền.
		làm việc ở đây.
		nhuộm tóc.
		trở thành bác sĩ.

047

~ (하는) 게 좋겠습니다

당신은	집에서 쉬는	게 좋겠습니다.
당신은	부모님을 따라 가는	
당신이	모임에 참여하는	
당신이	이 방법을 선택하는	
당신은	이직을 하는	
당신은	운동을 하는	

nên ~

Bạn	nên	nghỉ ở nhà.
Bạn		đi theo bố mẹ.
Bạn		tham dự cuộc họp.
Anh		chọn cách này.
Chị		đổi việc làm.
Em		tập thể dục.

■ 'nên' 은 접속사의 형태 '~ 해서, 그래서'의 의미 외에도 위와 같이 권유할 때 사용하는 조동사 역할도 있다.

047

~ (하는) 게 좋겠습니다

당신은		집에서 쉬는
당신은		부모님을 따라 가는
당신이	게 좋겠습니다.	모임에 참여하는
당신이		이 방법을 선택하는
당신은		이직을 하는
당신은		운동을 하는

nên ~

Bạn	nên	nghỉ ở nhà.
Bạn		đi theo bố mẹ.
Bạn		tham dự cuộc họp.
Anh		chọn cách này.
Chị		đổi việc làm.
Em		tập thể dục.

048

~ (해야)만 합니다

오늘 나는	한국에 돌아가야	만 합니다.
9시까지 나는	숙제를 해야	
매일 나는	약을 복용해야	
아침에 나는	일찍 일어나야	
올해 나는	결혼해야	
여러분은	베트남어를 공부해야	

phải ~

Hôm nay tôi	phải	quay về Hàn Quốc.
Đến 9 giờ tôi		làm bài tập.
Mỗi ngày tôi		uống thuốc.
Buổi sáng tôi		dậy sớm.
Năm nay tôi		kết hôn.
Các bạn		học tiếng Việt.

■ 'phải' 는 부가의문문에서 언급했듯이 '맞는, 옳은' 의미 외에도, 위와 같이 강한 의지나 행동을 나타낼 때 사용하는 조동사 역할도 있다.

048

~ (해야)만 합니다

오늘 나는		한국에 돌아가야
9시까지 나는		숙제를 해야
매일 나는	만 합니다.	약을 복용해야
아침에 나는		일찍 일어나야
올해 나는		결혼해야
여러분은		베트남어를 공부해야

phải ~

Hôm nay tôi	phải	quay về Hàn Quốc.
Đến 9 giờ tôi		làm bài tập.
Mỗi ngày tôi		uống thuốc.
Buổi sáng tôi		dậy sớm.
Năm nay tôi		kết hôn.
Các bạn		học tiếng Việt.

049

~ 할 수 있습니다

나는	뭐든지	
나는	베트남어를 말	
나는	그를 이해	할 수 있습니다.
당신은	성공	
우리는	다시 시작	
여기서	표를 구매	

có thể ~

Tôi		làm được gì cả.
Tôi		nói tiếng Việt.
Tôi		hiểu anh ấy.
Anh	**có thể**	thành công.
Chúng ta		bắt đầu lại.
Ở đây		mua vé.

049

~ 할 수 있습니다

나는		뭐든지
나는		베트남어를 말
나는	할 수 있습니다.	그를 이해
당신은		성공
우리는		다시 시작
여기서		표를 구매

có thể ~

Tôi	có thể	làm được gì cả.
Tôi		nói tiếng Việt.
Tôi		hiểu anh ấy.
Anh		thành công.
Chúng ta		bắt đầu lại.
Ở đây		mua vé.

050

~ (할) 수 없습니다

나는	그 사실을	믿을	**수 없습니다.**
나는	눈물을	참을	
나는	당신에게	말할	
저는	당신을	포기할	
당신은	그 문제를	해결할	
우리는	더 이상	만날	

không thể ~

Tôi	**không thể**	tin	sự thật đó.
Tôi		cầm	nước mắt.
Tôi		nói	với bạn.
Em		bỏ	anh.
Bạn		giải quyết	vấn đề đó.
Chúng ta		gặp	nữa.

050

~ (할) 수 없습니다

나는		그 사실을	믿을
나는		눈물을	참을
나는	수 없습니다.	당신에게	말할
저는		당신을	포기할
당신은		그 문제를	해결할
우리는		더 이상	만날

không thể ~

Tôi	không thể	tin	sự thật đó.
Tôi		cầm	nước mắt.
Tôi		nói	với bạn.
Em		bỏ	anh.
Bạn		giải quyết	vấn đề đó.
Chúng ta		gặp	nữa.

051

아직 ~ (하지) 않다

나는	아직	결혼을 하지	않았습니다.
그는		일어나지	
우리는		준비되지	
우리는		출발하지	
버스가		도착하지	
이 일이		익숙하지	않습니다.

chưa ~

Tôi	chưa	kết hôn.
Anh ấy		thức dậy.
Chúng tôi		sẵn sàng.
Chúng tôi		xuất phát.
Xe buýt		đến.
Việc này		quen.

051

아직 ~ (하지) 않다

나는	아직	결혼을 하지	않았습니다.
그는		일어나지	
우리는		준비되지	
우리는		출발하지	
버스가		도착하지	
이 일이		익숙하지	않습니다.

chưa ~

Tôi	chưa	kết hôn.
Anh ấy		thức dậy.
Chúng tôi		sẵn sàng.
Chúng tôi		xuất phát.
Xe buýt		đến.
Việc này		quen.

052

계속

나는	계속	살이 찝니다.
그는		미국에서 일합니다.
그녀는		하노이에서 삽니다.
당신은		이 길로 가세요.
우리는		서로 경쟁합니다.
양국은		교류합니다.

tiếp tục ~

Tôi	tiếp tục	lên cân.
Anh ấy		làm việc ở Mỹ.
Chị ấy		sống ở Hà Nội.
Anh		đi đường này nhé.
Chúng ta		cạnh tranh nhau.
Hai nước		giao lưu.

■ 'tiếp tục + 동사' 형태 외에도 '동사 + tiếp' 으로도 표현할 수 있다.

052

계속

나는		살이 찝니다.
그는		미국에서 일합니다.
그녀는	계속	하노이에서 삽니다.
당신은		이 길로 가세요.
우리는		서로 경쟁합니다.
양국은		교류합니다.

tiếp tục ~

Tôi Anh ấy Chị ấy Anh Chúng ta Hai nước	**tiếp tục**	lên cân. làm việc ở Mỹ. sống ở Hà Nội. đi đường này nhé. cạnh tranh nhau. giao lưu.

053

마쳤습니다

나는	일을	마쳤습니다.
	공부를	
	식사를	
	시험을	
	준비를	
	작성을	

xong rồi

Tôi	làm học ăn thi chuẩn bị điền	**xong rồi.**

■ 베트남어는 2~3개의 동사를 함께 사용할 수 있는데 'xong(마치다)' 동사를 다른 동사와 함께 결합해서 사용할 때는 '동사 + xong' 형태로 사용해야 한다.

053

마쳤습니다

나는	일을 공부를 식사를 시험을 준비를 작성을	마쳤습니다.

xong rồi

Tôi	làm học ăn thi chuẩn bị điền	**xong rồi.**

04

전치사와 결합하는 **패턴**

054

~ (하기) 위해서

당신은	무엇을 하기	위해서	베트남에 왔습니까?
나는	여행하기		베트남어를 공부합니다.
나는	집을 사기		저축합니다.
나는	시험에 합격하기		노력할 것입니다.
나는	살을 빼기		운동을 합니다.
그는	이민가기		일을 그만 둡니다.

để ~

Bạn	đến Việt Nam	để	làm gì?
Tôi	học tiếng Việt		đi du lịch.
Tôi	tiết kiệm tiền		mua nhà.
Tôi	sẽ cố gắng		thi đỗ.
Tôi	tập thể dục		giảm cân.
Anh ấy	thôi việc		di dân.

054

~ (하기) 위해서

당신은	베트남에 왔습니까?		무엇을 하기
나는	베트남어를 공부합니다.		여행하기
나는	저축합니다.		집을 사기
		위해서	
나는	노력할 것입니다.		시험에 합격하기
나는	운동을 합니다.		살을 빼기
그는	일을 그만 둡니다.		이민가기

để ~

Bạn	đến Việt Nam	để	làm gì?
Tôi	học tiếng Việt		đi du lịch.
Tôi	tiết kiệm tiền		mua nhà.
Tôi	sẽ cố gắng		thi đỗ.
Tôi	tập thể dục		giảm cân.
Anh ấy	thôi việc		di dân.

055

~ 에게 / ~ 을(를) 위해

나는	부모님	**에게**	전화를 겁니다.
나는	친한 친구		사과 편지를 씁니다.
그녀는	대학생		베트남어를 가르칩니다.
그는	여자 친구를	**위해**	꽃을 삽니다.
저는	제 자신을		열심히 일합니다.
이 책은	어린이를		쓰여진 책입니다.

cho ~

Tôi	gọi điện thoại	cho	bố mẹ.
Tôi	viết thư xin lỗi	cho	bạn thân.
Cô ấy	dạy tiếng Việt	cho	sinh viên.
Anh ấy	mua hoa	cho	bạn gái.
Em	làm việc chăm chỉ	cho	bản thân.
Quyển sách này	được viết	cho	trẻ em.

■ 'cho' 는 굉장히 많은 의미를 가진 단어로, 위에서는 '주어 + 서술어 + cho + 대상' 의 형식으로 '대상을 위해, 대상에게' 의 의미로 사용되었다.

055

~ 에게 / ~ 을(를) 위해

나는	전화를 겁니다.		부모님
나는	사과 편지를 씁니다.	에게	친한 친구
그녀는	베트남어를 가르칩니다.		대학생
그는	꽃을 삽니다.		여자 친구를
저는	열심히 일합니다.	위해	제 자신을
이 책은	쓰여진 책입니다.		어린이를

cho ~

Tôi	gọi điện thoại	cho	bố mẹ.
Tôi	viết thư xin lỗi		bạn thân.
Cô ấy	dạy tiếng Việt		sinh viên.
Anh ấy	mua hoa		bạn gái.
Em	làm việc chăm chỉ		bản thân.
Quyển sách này	được viết		trẻ em.

056

A 부터 B 까지

<table>
<tr><td>여기</td><td rowspan="6">부터</td><td>거기</td><td rowspan="6">까지</td><td>얼마나 걸려요?</td></tr>
<tr><td>9시</td><td>12시</td><td>나는 일합니다.</td></tr>
<tr><td>1월</td><td>4월</td><td>출장을 갑니다.</td></tr>
<tr><td>월요일</td><td>금요일</td><td>학교에 갑니다.</td></tr>
<tr><td>처음</td><td>끝</td><td>나는 다 이해했습니다.</td></tr>
<tr><td>1층</td><td>5층</td><td>모두 에어컨이 있습니다.</td></tr>
</table>

từ A đến B

Từ	đây	đến	đó	mất bao lâu?
	9(chín) giờ		12(mười hai) giờ	tôi làm việc.
	tháng 1(một)		tháng 4(tư)	tôi đi công tác.
	thứ 2(hai)		thứ 6(sáu)	tôi đi học.
	đầu		cuối	tôi hiểu hết rồi.
	tầng 1(một)		tầng 5(năm)	đều có máy lạnh.

■ 위의 표현은 '시간과 장소' 에 모두 사용 가능하며, 각각 사용할 수 있다.

056

A 부터 B 까지

부터	여기	까지	거기	얼마나 걸려요?
	9시		12시	나는 일합니다.
	1월		4월	출장을 갑니다.
	월요일		금요일	학교에 갑니다.
	처음		끝	나는 다 이해했습니다.
	1층		5층	모두 에어컨이 있습니다.

từ A đến B

Từ	đây	đến	đó	mất bao lâu?
	9(chín) giờ		12(mười hai) giờ	tôi làm việc.
	tháng 1(một)		tháng 4(tư)	tôi đi công tác.
	thứ 2(hai)		thứ 6(sáu)	tôi đi học.
	đầu		cuối	tôi hiểu hết rồi.
	tầng 1(một)		tầng 5(năm)	đều có máy lạnh.

057

~ 에 대해 / 관해

나는	프랑스 문화에	대해	공부하고 싶습니다.
나는	그 사람에		정확히 모릅니다.
나는	아시아 음식에		소개할 것입니다.
그는	미래에		걱정합니다.
이 시는	역사에	관해	쓰여졌습니다.
우리는	사회문제에		토론합니다.

về ~

Tôi	muốn học	về	văn hóa Pháp.
Tôi	không biết rõ		người ấy.
Tôi	sẽ giới thiệu		món ăn châu Á.
Anh ấy	lo lắng		tương lai.
Bài thơ này	được viết		lịch sử.
Chúng ta	thảo luận		vấn đề xã hội.

■ 'về' 는 '돌아오다, 돌아가다' 의미의 동사이기도 하다.

057

~ 에 대해 / 관해

나는	공부하고 싶습니다.	대해	프랑스 문화에
나는	정확히 모릅니다.		그 사람에
나는	소개할 것입니다.		아시아 음식에
그는	걱정합니다.		미래에
이 시는	쓰여졌습니다.	관해	역사에
우리는	토론합니다.		사회문제에

về ~

Tôi	muốn học	về	văn hóa Pháp.
Tôi	không biết rõ		người ấy.
Tôi	sẽ giới thiệu		món ăn châu Á.
Anh ấy	lo lắng		tương lai.
Bài thơ này	được viết		lịch sử.
Chúng ta	thảo luận		vấn đề xã hội.

058

~ 처럼

오늘은	어제	처럼	덥습니다.
그녀는	인형		예쁩니다.
그녀는	가수		노래를 잘합니다.
그는	차가운 얼음		냉정합니다.
내 남동생은	돼지		많이 먹습니다.
그는	베트남인		베트남어를 말합니다.

như ~

Hôm nay	nóng	như	hôm qua.
Cô ấy	xinh đẹp	như	búp bê.
Chị ấy	hát hay	như	ca sĩ.
Anh ấy	lạnh lùng	như	đá lạnh.
Em trai tôi	ăn nhiều	như	lợn.
Nó	nói tiếng Việt	như	người Việt.

058

~ 처럼

오늘은	덥습니다.	처럼	어제
그녀는	예쁩니다.		인형
그녀는	노래를 잘합니다.		가수
그는	냉정합니다.		차가운 얼음
내 남동생은	많이 먹습니다.		돼지
그는	베트남어를 말합니다.		베트남인

như ~

Hôm nay	nóng	như	hôm qua.
Cô ấy	xinh đẹp		búp bê.
Chị ấy	hát hay		ca sĩ.
Anh ấy	lạnh lùng		đá lạnh.
Em trai tôi	ăn nhiều		lợn.
Nó	nói tiếng Việt		người Việt.

059

~ 만큼

이 상품은	저 상품	만큼	좋지 않습니다.
그녀는	그녀의 엄마		말이 많지 않습니다.
이 교실은	저 교실		넓습니다.
내 여동생은	나		키가 작습니다.
기차는	비행기		빠르지 않습니다.
오늘 나는	어제		바쁩니다.

bằng ~

Sản phẩm này	không tốt	bằng	sản phẩm kia.
Cô ấy	nói nhiều không	bằng	mẹ cô ấy.
Phòng học này	rộng	bằng	phòng học kia.
Em gái tôi	thấp	bằng	tôi.
Xe lửa	không nhanh	bằng	máy bay.
Hôm nay tôi	bận	bằng	hôm qua.

059

~ 만큼

이 상품은	좋지 않습니다.	만큼	저 상품
그녀는	말이 많지 않습니다.		그녀의 엄마
이 교실은	넓습니다.		저 교실
내 여동생은	키가 작습니다.		나
기차는	빠르지 않습니다.		비행기
오늘 나는	바쁩니다.		어제

bằng ~

Sản phẩm này	không tốt	bằng	sản phẩm kia.
Cô ấy	nói nhiều không		mẹ cô ấy.
Phòng học này	rộng		phòng học kia.
Em gái tôi	thấp		tôi.
Xe lửa	không nhanh		máy bay.
Hôm nay tôi	bận		hôm qua.

060

~ 을(를) 제외한

나를	제외한	모든 친구들이 그를 압니다.
수학을		모든 과목들이 재밌습니다.
월요일을		모든 날들이 다 가능합니다.
교수를		모든 학생들이 다 왔습니다.
이것을		모든 물건은 정찰가입니다.
일본을		모든 국가가 동의합니다.

trừ ~

Tất cả các bạn biết anh ấy	trừ	tôi.
Mọi các môn học thú vị		môn toán.
Khi nào cũng có thời gian		thứ hai.
Các sinh viên đều đến		giáo sư.
Tất cả hàng là đúng giá		cái này.
Tất cả quốc gia đồng ý		Nhật Bản.

■ '언제 + cũng' 의 표현은 '언제나', '언제라도' 의 의미로 사용되는데 3번째 문장의 경우 'khi nào cũng' 은 '언제나' 의 의미로써 '모든 날들' 로 의역하였다.

모두, 전부	tất cả
	cả
	mọi
	주어 복수 + đều

060

~ 을(를) 제외한

모든 친구들이 그를 압니다.		나를
모든 과목들이 재밌습니다.		수학을
모든 날들이 다 가능합니다.		월요일을
모든 학생들이 다 왔습니다.	**제외한**	교수를
모든 물건은 정찰가입니다.		이것을
모든 국가가 동의합니다.		일본을

trừ ~

Tất cả các bạn biết anh ấy	trừ	tôi.
Mọi các môn học thú vị		môn toán.
Khi nào cũng có thời gian		thứ hai.
Các sinh viên đều đến		giáo sư.
Tất cả hàng là đúng giá		cái này.
Tất cả quốc gia đồng ý		Nhật Bản.

061

~ (이)외에도

축구		나는 많은 스포츠를 좋아합니다.
쌀국수		베트남에는 많은 음식이 있습니다.
중국	외에도	나는 많은 나라를 방문했습니다.
외모		나는 많은 장점이 있습니다.
급여		그는 많은 수입이 있습니다.
여권		다른 서류를 준비해야만 합니다.

ngoài ~

Ngoài	bóng đá	tôi thích nhiều môn thể thao.
	món phở	Việt Nam có nhiều món ăn.
	Trung Quốc	tôi đã thăm nhiều nước.
	ngoại hình	tôi còn có nhiều ưu điểm.
	tiền lương	anh ấy còn có nhiều thu nhập.
	hộ chiếu	còn phải chuẩn bị giấy tờ khác.

061

~ (이)외에도

외에도	축구	나는 많은 스포츠를 좋아합니다.
	쌀국수	베트남에는 많은 음식이 있습니다.
	중국	나는 많은 나라를 방문했습니다.
	외모	나는 많은 장점이 있습니다.
	급여	그는 많은 수입이 있습니다.
	여권	다른 서류를 준비해야만 합니다.

ngoài ~

Ngoài	bóng đá	tôi thích nhiều môn thể thao.
	món phở	Việt Nam có nhiều món ăn.
	Trung Quốc	tôi đã thăm nhiều nước.
	ngoại hình	tôi còn có nhiều ưu điểm.
	tiền lương	anh ấy còn có nhiều thu nhập.
	hộ chiếu	còn phải chuẩn bị giấy tờ khác.

062

~ 에서

그들은	대기업	에서	일합니다.
나는	면세점		쇼핑합니다.
그는	도서관		열심히 공부합니다.
나는	외국어학원		베트남어를 가르칩니다.
나는	커피숍		남자친구를 기다립니다.
나는	복도		동료를 만납니다.

ở ~

Họ	làm việc	ở	doanh nghiệp lớn.
Tôi	mua sắm	ở	cửa hàng miễn thuế.
Anh ấy	học chăm chỉ	ở	thư viện.
Tôi	dạy tiếng Việt	ở	trung tâm ngoại ngữ.
Tôi	chờ bạn trai	ở	quán cà phê.
Tôi	gặp đồng nghiệp	ở	hành lang.

062

~ 에서

그들은	일합니다.	에서	대기업
나는	쇼핑합니다.		면세점
그는	열심히 공부합니다.		도서관
나는	베트남어를 가르칩니다.		외국어학원
나는	남자친구를 기다립니다.		커피숍
나는	동료를 만납니다.		복도

ở ~

Họ	làm việc	ở	doanh nghiệp lớn.
Tôi	mua sắm		cửa hàng miễn thuế.
Anh ấy	học chăm chỉ		thư viện.
Tôi	dạy tiếng Việt		trung tâm ngoại ngữ.
Tôi	chờ bạn trai		quán cà phê.
Tôi	gặp đồng nghiệp		hành lang.

063

~ (으)로

나는	버스	(으)로	회사에 갑니다.
나는	신용카드		지불합니다.
나는	노트북		과제를 합니다.
그들은	전화		이야기하고 있습니다.
저는	서면		의견을 제출합니다.
이 그릇은	플라스틱		만들어졌습니다.

bằng ~

Tôi	đi làm	bằng	xe buýt.
Tôi	trả tiền	bằng	thẻ tín dụng.
Tôi	làm bài tập	bằng	máy tính xách tay.
Họ	đang nói chuyện	bằng	điện thoại.
Em	đề xuất ý kiến	bằng	tài liệu.
Cái bát này	được làm	bằng	nhựa.

■ 'bằng' 은 4가지의 의미를 지니고 있다. 첫 번째는 동등의 의미로 '~만큼', '~와 같이', 두 번째는 뒤에 수단, 재료, 방법을 나타내는 단어가 오면서 '~(으)로', 세 번째는 '증명서' 라는 명사로, 네 번째는 '수평의', '평평한'의 형용사로 사용된다. *59번 표현 참고

063

~ (으)로

나는	회사에 갑니다.	(으)로	버스
나는	지불합니다.		신용카드
나는	과제를 합니다.		노트북
그들은	이야기하고 있습니다.		전화
저는	의견을 제출합니다.		서면
이 그릇은	만들어졌습니다.		플라스틱

bằng ~

Tôi	đi làm	bằng	xe buýt.
Tôi	trả tiền		thẻ tín dụng.
Tôi	làm bài tập		máy tính xách tay.
Họ	đang nói chuyện		điện thoại.
Em	đề xuất ý kiến		tài liệu.
Cái bát này	được làm		nhựa.

064

~ 에 따르면

그의 말		그녀는 하노이에 있습니다.
신문 기사		도둑이 잡혔습니다.
일기예보	에 따르면	비가 올 것입니다.
소문		그녀는 백만장자입니다.
규정		그 일은 불가능합니다.
여론		그가 당선될 것입니다.

theo ~

Theo	lời nó nói,	chị ấy ở Hà Nội.
	bài báo,	tên trộm đã bị bắt.
	dự báo thời tiết,	trời sẽ mưa.
	tin đồn,	bà ấy là triệu phú.
	quy định,	việc ấy không được.
	dư luận,	ông ấy sẽ trúng cử.

064

~ 에 따르면

에 따르면		
	그의 말	그녀는 하노이에 있습니다.
	신문 기사	도둑이 잡혔습니다.
	일기예보	비가 올 것입니다.
	소문	그녀는 백만장자입니다.
	규정	그 일은 불가능합니다.
	여론	그가 당선될 것입니다.

theo ~

Theo	lời nó nói,	chị ấy ở Hà Nội.
	bài báo,	tên trộm đã bị bắt.
	dự báo thời tiết,	trời sẽ mưa.
	tin đồn,	bà ấy là triệu phú.
	quy định,	việc ấy không được.
	dư luận,	ông ấy sẽ trúng cử.

065

~ 의 것입니다

당신(남자)은	저	의 것입니다.
당신(여자)은	저	
이것은	그들	
이 카드는	회사	
이 건물은	그	
자유는	우리	

là của ~

Anh	là của	em.
Em		anh.
Cái này		họ.
Thẻ này		công ty.
Tòa nhà này		anh ấy.
Tự do		chúng ta.

■ 'của' 는 '~의' 소유격과 '~의 것이다' 소유대명사로써 둘 다 사용된다

065

~ 의 것입니다

당신(남자)은		저
당신(여자)은		저
이것은		그들
이 카드는	의 것입니다.	회사
이 건물은		그
자유는		우리

là của ~

Anh	là của	em.
Em		anh.
Cái này		họ.
Thẻ này		công ty.
Tòa nhà này		anh ấy.
Tự do		chúng ta.

05

부사와 결합하는 **패턴**

066

제일 / 가장

쌀국수가		맛있습니다.
중국이		넓습니다.
강아지가	**제일**	귀엽습니다.
이 호텔이	**/ 가장**	고급스럽습니다.
베트남어가		재밌습니다.
내 남자친구가		잘생겼습니다.

nhất

Món phở	ngon	nhất.
Trung Quốc	rộng	
Con chó con	dễ thương	
Khách sạn này	cao cấp	
Tiếng Việt	hay	
Bạn trai tôi	đẹp trai	

■ 'hơn cả / hơn hết' 과 같은 다른 최상급 표현도 있다.

066

제일 / 가장

쌀국수가	맛있습니다.	
중국이	넓습니다.	
강아지가	귀엽습니다.	제일
이 호텔이	고급스럽습니다.	/ 가장
베트남어가	재밌습니다.	
내 남자친구가	잘생겼습니다.	

nhất

Món phở	ngon	nhất.
Trung Quốc	rộng	
Con chó con	dễ thương	
Khách sạn này	cao cấp	
Tiếng Việt	hay	
Bạn trai tôi	đẹp trai	

067

~ 보다 더

<table>
<tr><td>내가</td><td>우리 언니</td><td rowspan="6">보다 더</td><td>예쁩니다.</td></tr>
<tr><td>이것이</td><td>저것</td><td>비쌉니다.</td></tr>
<tr><td>베트남어가</td><td>영어</td><td>쉽습니다.</td></tr>
<tr><td>분짜가</td><td>쌀국수</td><td>맛있습니다.</td></tr>
<tr><td>그녀가</td><td>나</td><td>날씬합니다.</td></tr>
<tr><td>올해는</td><td>작년</td><td>잘 될 겁니다.</td></tr>
</table>

hơn ~

Tôi	xinh đẹp	hơn	chị gái tôi.
Cái này	đắt		cái kia.
Tiếng Việt	dễ		tiếng Anh.
Bún chả	ngon		phở bò.
Chị ấy	thon thả		tôi.
Năm nay	sẽ tốt đẹp		năm ngoái.

067

~ 보다 더

내가	예쁩니다.		우리 언니
이것이	비쌉니다.		저것
베트남어가	쉽습니다.	보다 더	영어
분짜가	맛있습니다		쌀국수
그녀가	날씬합니다.		나
올해는	잘 될 겁니다.		작년

hơn ~

Tôi	xinh đẹp	hơn	chị gái tôi.
Cái này	đắt		cái kia.
Tiếng Việt	dễ		tiếng Anh.
Bún chả	ngon		phở bò.
Chị ấy	thon thả		tôi.
Năm nay	sẽ tốt đẹp		năm ngoái.

068

~ 도

<table>
<tr><td>나</td><td rowspan="6">도</td><td>그렇게 생각합니다.</td></tr>
<tr><td>저</td><td>당신을 만나서 반갑습니다.</td></tr>
<tr><td>그녀</td><td>한국에 삽니다.</td></tr>
<tr><td>우리</td><td>베트남에 갑니 다.</td></tr>
<tr><td>오늘</td><td>일하러 갑니다.</td></tr>
<tr><td>베트남에</td><td>겨울이 있습니다.</td></tr>
</table>

~ cũng

Tôi	cũng	nghĩ như vậy.
Em		rất vui được gặp anh.
Chị ấy		sống ở Hàn Quốc.
Chúng tôi		đi Việt Nam.
Hôm nay		đi làm.
Việt Nam		có mùa đông.

068

~ 도

나	도	그렇게 생각합니다.
저		당신을 만나서 반갑습니다.
그녀		한국에 삽니다.
우리		베트남에 갑니다.
오늘		일하러 갑니다.
베트남에		겨울이 있습니다.

~ cũng

Tôi	cũng	nghĩ như vậy.
Em		rất vui được gặp anh.
Chị ấy		sống ở Hàn Quốc.
Chúng tôi		đi Việt Nam.
Hôm nay		đi làm.
Việt Nam		có mùa đông.

069

아마

아마	
	내일 비가 올 것입니다.
	그는 더 이상 일하지 않을 겁니다.
	그녀는 오지 않을 겁니다.
	그는 밖으로 나갔을 겁니다.
	그 물건은 매진되었을 겁니다.
	그는 좋은 사람일 겁니다.

có lẽ (là)

Có lẽ (là)	ngày mai trời sẽ mưa.
	anh ấy sẽ không làm nữa.
	chị ấy không đến được.
	ông ấy đi ra ngoài rồi.
	hàng đó bán hết rồi.
	anh ấy là người tốt bụng.

069

아마

아마

내일 비가 올 것입니다.

그는 더 이상 일하지 않을 겁니다.

그녀는 오지 않을 겁니다.

그는 밖으로 나갔을 겁니다.

그 물건은 매진되었을 겁니다.

그는 좋은 사람일 겁니다.

có lẽ (là)

Có lẽ (là)

ngày mai trời sẽ mưa.

anh ấy sẽ không làm nữa.

chị ấy không đến được.

ông ấy đi ra ngoài rồi.

hàng đó bán hết rồi.

anh ấy là người tốt bụng.

070

~ (인) 거 같습니다

그는 부재중인	거 같습니다.
나는 독감에 걸린	
그녀는 약 스무 살인	
사람들이 아직 안 온	
그가 나에 대해 오해한	
그녀는 성형수술을 한	

hình như (là) ~

Hình như (là)	anh ấy đi vắng rồi.
	tôi bị cảm cúm.
	chị ấy khoảng 20(hai mươi) tuổi.
	những người chưa đến.
	anh ấy hiểu lầm tôi.
	cô ấy phẫu thuật thẩm mỹ.

070

~ (인) 거 같습니다

거 같습니다.	그는 부재중인
	나는 독감에 걸린
	그녀는 약 스무 살인
	사람들이 아직 안 온
	그가 나에 대해 오해한
	그녀는 성형수술을 한

hình như (là) ~

Hình như (là)

anh ấy đi vắng rồi.

tôi bị cảm cúm.

chị ấy khoảng 20(hai mươi) tuổi.

những người chưa đến.

anh ấy hiểu lầm tôi.

cô ấy phẫu thuật thẩm mỹ.

071

여전히

우리 부모님은		건강하십니다.
푹 잤지만		피곤합니다.
올해 나는	여전히	이곳에 삽니다.
우리 형/오빠는		독신입니다.
내 남자친구는		멋집니다.
나이는 많지만		젊어 보입니다.

vẫn

Bố mẹ tôi	vẫn	khỏe.
Ngủ ngon mà		mệt.
Năm nay tôi		sống ở đây.
Anh trai tôi		độc thân.
Bạn trai tôi		đẹp trai.
Tuổi đã nhiều mà		trẻ trung.

■ 'còn' 과 'vẫn còn' 도 '여전히' 라는 의미를 가진다.

071

여전히

우리 부모님은	여전히	건강하십니다.
푹 잤지만		피곤합니다.
올해 나는		이곳에 삽니다.
우리 형/오빠는		독신입니다.
내 남자친구는		멋집니다.
나이는 많지만		젊어 보입니다.

vẫn

Bố mẹ tôi		khỏe.
Ngủ ngon mà		mệt.
Năm nay tôi	**vẫn**	sống ở đây.
Anh trai tôi		độc thân.
Bạn trai tôi		đẹp trai.
Tuổi đã nhiều mà		trẻ trung.

072

반드시

반드시	그들은 돌아올 것입니다. 우리 팀이 승리할 것입니다. 나는 성공할 것입니다. 나는 살을 뺄 것입니다. 우리는 다시 만날 것입니다. 오늘은 비가 올 것입니다.

nhất định

Nhất định	họ sẽ trở lại. đội chúng ta sẽ thắng. tôi sẽ thành công. tôi sẽ giảm cân. chúng ta sẽ gặp lại. hôm nay trời sẽ mưa.

072

반드시

반드시	
	그들은 돌아올 것입니다.
	우리 팀이 승리할 것입니다.
	나는 성공할 것입니다.
	나는 살을 뺄 것입니다.
	우리는 다시 만날 것입니다.
	오늘은 비가 올 것입니다.

nhất định

Nhất định

Nhất định	họ sẽ trở lại.
	đội chúng ta sẽ thắng.
	tôi sẽ thành công.
	tôi sẽ giảm cân.
	chúng ta sẽ gặp lại.
	hôm nay trời sẽ mưa.

073

가끔

나는	가끔	시를 읽습니다.
아빠는	가끔	하노이 출장을 갑니다.
그녀는	가끔	화장을 합니다.
그는	가끔	유년시절을 그리워합니다.
그 애는	가끔	학교에 옵니다.
우리는	가끔	말다툼을 합니다.

thỉnh thoảng

Tôi	**thỉnh thoảng**	đọc thơ.
Bố		đi công tác Hà Nội.
Chị ấy		trang điểm.
Anh ấy		nhớ về tuổi thơ.
Nó		đến trường.
Chúng tôi		cãi nhau.

073

가끔

나는	가끔	시를 읽습니다.
아빠는		하노이 출장을 갑니다.
그녀는		화장을 합니다.
그는		유년시절을 그리워합니다.
그 애는		학교에 옵니다.
우리는		말다툼을 합니다.

thỉnh thoảng

Tôi	**thỉnh thoảng**	đọc thơ.
Bố		đi công tác Hà Nội.
Chị ấy		trang điểm.
Anh ấy		nhớ về tuổi thơ.
Nó		đến trường.
Chúng tôi		cãi nhau.

074

보통

나는	보통	일찍 일어납니다.
그는		낮잠을 잡니다.
남자는		예쁜 여자를 좋아합니다.
우리 아빠는		늦게 집에 오십니다.
그녀는		밖에서 저녁을 먹습니다.
우리는		버스 정류장에서 만납니다.

thường

Tôi	thường	thức dậy sớm.
Anh ấy		ngủ trưa.
Đàn ông		thích phụ nữ đẹp.
Bố tôi		về nhà muộn.
Cô ấy		ăn tối ở ngoài.
Chúng tôi		gặp nhau ở bến xe buýt.

074

보통

나는	보통	일찍 일어납니다.
그는		낮잠을 잡니다.
남자는		예쁜 여자를 좋아합니다.
우리 아빠는		늦게 집에 오십니다.
그녀는		밖에서 저녁을 먹습니다.
우리는		버스 정류장에서 만납니다.

thường

Tôi	thường	thức dậy sớm.
Anh ấy		ngủ trưa.
Đàn ông		thích phụ nữ đẹp.
Bố tôi		về nhà muộn.
Cô ấy		ăn tối ở ngoài.
Chúng tôi		gặp nhau ở bến xe buýt.

075

자주

나는	자주	베트남을 방문합니다.
나는	자주	우리 부모님을 돕습니다.
그는	자주	출장을 갑니다.
그녀는	자주	부모님에게 전화를 합니다.
그 애는	자주	혼잣말을 합니다.
사장은	자주	직원들에게 화를 냅니다.

hay

Tôi	hay	đến Việt Nam.
Tôi		giúp bố mẹ tôi.
Anh ấy		đi công tác.
Chị ấy		gọi điện cho bố mẹ.
Em ấy		nói một mình.
Giám đốc		giận với nhân viên.

■ 'hay' 도 많은 의미를 지니고 있다. 첫 번째는 '~또는~', ~이거나~' 의 의미, 두 번째는 빈도 부사로 동사 앞에서 '자주, 종종' 의 의미로 동사의 빈도를 나타낸다. 그리고 세 번째는 형용사 '재 있다, 잘한다' 의 의미로 많이 사용된다. *36번 참고

075

자주

나는	자주	베트남을 방문합니다.
나는		우리 부모님을 돕습니다.
그는		출장을 갑니다.
그녀는		부모님에게 전화를 합니다.
그 애는		혼잣말을 합니다.
사장은		직원들에게 화를 냅니다.

hay

Tôi	hay	đến Việt Nam.
Tôi		giúp bố mẹ tôi.
Anh ấy		đi công tác.
Chị ấy		gọi điện cho bố mẹ.
Em ấy		nói một mình.
Giám đốc		giận với nhân viên.

076

항상

나는	항상	운동을 합니다.
나는	항상	베트남을 그리워합니다.
우리 아빠는	항상	신문을 읽습니다.
그는	항상	일기를 씁니다.
그 친구는	항상	늦게 도착합니다.
그는	항상	버스에서 잠을 잡니다.

luôn luôn

Tôi	luôn luôn	tập thể dục.
Tôi		nhớ Việt Nam.
Bố tôi		đọc báo.
Anh ấy		viết nhật ký.
Bạn ấy		đến muộn.
Nó		ngủ trên xe buýt.

076

항상

나는		운동을 합니다.
나는		베트남을 그리워합니다.
우리 아빠는	항상	신문을 읽습니다.
그는		일기를 씁니다.
그 친구는		늦게 도착합니다.
그는		버스에서 잠을 잡니다.

luôn luôn

Tôi	**luôn luôn**	tập thể dục.
Tôi		nhớ Việt Nam.
Bố tôi		đọc báo.
Anh ấy		viết nhật ký.
Bạn ấy		đến muộn.
Nó		ngủ trên xe buýt.

077

매우 / 아주

그녀는	매우 / 아주	꼼꼼합니다.
그는		게으릅니다.
이 영화는		유명합니다.
베트남어는		재밌습니다.
이 주스는		신선합니다.
이 옷은		불편합니다.

rất ~

Chị ấy	rất	tỉ mỉ.
Nó		lười biếng.
Phim này		nổi tiếng.
Tiếng Việt		thú vị.
Sinh tố này		tươi.
Cái áo này		bất tiện.

077

매우 / 아주

그녀는	매우 / 아주	꼼꼼합니다.
그는		게으릅니다.
이 영화는		유명합니다.
베트남어는		재밌습니다.
이 주스는		신선합니다.
이 옷은		불편합니다.

rất ~

Chị ấy	rất	tỉ mỉ.
Nó		lười biếng.
Phim này		nổi tiếng.
Tiếng Việt		thú vị.
Sinh tố này		tươi.
Cái áo này		bất tiện.

078

매우 / 아주

한국의 겨울은	매우 / 아주	춥습니다.
풍경이	매우 / 아주	멋집니다.
이 식당 음식이	매우 / 아주	맛있습니다.
베트남어를 독학하는것은	매우 / 아주	어렵습니다.
그녀의 피부는	매우 / 아주	하얗습니다.
베트남의 교통은	매우 / 아주	복잡합니다.

~ lắm

Mùa đông Hàn Quốc	lạnh	lắm.
Phong cảnh	tuyệt vời	
Món ăn nhà hàng này	ngon	
Tự học tiếng Việt	khó	
Da của chị ấy	trắng	
Giao thông Việt Nam	phức tạp	

078

매우 / 아주

한국의 겨울은	춥습니다.	
풍경이	멋집니다.	
이 식당 음식이	맛있습니다.	매우
베트남어를 독학하는것은	어렵습니다.	/ 아주
그녀의 피부는	하얗습니다.	
베트남의 교통은	복잡합니다.	

~ lắm

Mùa đông Hàn Quốc	lạnh	lắm.
Phong cảnh	tuyệt vời	
Món ăn nhà hàng này	ngon	
Tự học tiếng Việt	khó	
Da của chị ấy	trắng	
Giao thông Việt Nam	phức tạp	

079

매우 / 아주

이것은	매우 / 아주	비쌉니다.
커피가		달콤합니다.
김치가		맵습니다.
가방이		무겁습니다.
그 사람은		멍청합니다.
이곳은		시끄럽습니다.

quá

Cái này	đắt	quá.
Cà phê	ngọt	
Kim-chi	cay	
Túi xách	nặng	
Người ấy	ngu	
Ở đây	ồn ào	

■ 77~79번까지의 표현들은 정도부사로서 각각의 위치가 다르다. 'rất' 의 경우는 피수식어 앞에 위치하는 반면, 'lắm' 의 경우는 피수식어의 뒤에 위치한다. 'quá' 의 경우는 피수식어 앞, 뒤 모두 사용 가능하며 앞에 위치할 경우 정도의 의미가 훨씬 커진다고 볼 수 있다. 예) quá đắt : 터무니없이 비싸네요, đắt quá : 너무 비싸네요

079

매우 / 아주

이것은	비쌉니다.	
커피가	달콤합니다.	
김치가	맵습니다.	매우
가방이	무겁습니다.	/ 아주
그 사람은	멍청합니다.	
이곳은	시끄럽습니다.	

quá

Cái này	đắt	quá.
Cà phê	ngọt	
Kim-chi	cay	
Túi xách	nặng	
Người ấy	ngu	
Ở đây	ồn ào	

080

정말(로)

저 꼬마가	정말(로)	가엾습니다.
하늘이		아름답습니다.
당신은 노래를		잘합니다.
베트남어는		재밌습니다.
당신의 인상이		좋습니다.
이 상황이		안타깝습니다.

thật là

Em bé kia	thật là	tội nghiệp.
Bầu trời		đẹp.
Bạn hát		hay.
Tiếng Việt		thú vị.
Ấn tượng anh		tốt.
Tình hình này		đáng tiếc.

080

정말(로)

저 꼬마가	정말(로)	가엾습니다.
하늘이		아름답습니다.
당신은 노래를		잘합니다.
베트남어는		재밌습니다.
당신의 인상이		좋습니다.
이 상황이		안타깝습니다.

thật là

Em bé kia	thật là	tội nghiệp.
Bầu trời		đẹp.
Bạn hát		hay.
Tiếng Việt		thú vị.
Ấn tượng anh		tốt.
Tình hình này		đáng tiếc.

081

조금

<table>
<tr><td>나는</td><td rowspan="6">**조금**</td><td>두렵습니다.</td></tr>
<tr><td>이곳은</td><td>건조합니다.</td></tr>
<tr><td>야채국이</td><td>짭니다.</td></tr>
<tr><td>지금 나는</td><td>슬픕니다.</td></tr>
<tr><td>오늘 날씨가</td><td>덥습니다.</td></tr>
<tr><td>돈이</td><td>부족합니다.</td></tr>
</table>

một chút

Tôi	sợ	**một chút.**
Nơi này	khô	
Canh rau	mặn	
Bây giờ tôi	buồn	
Hôm nay trời	nóng	
Tiền	thiếu	

081

조금

나는	두렵습니다.	조금
이곳은	건조합니다.	
야채국이	짭니다.	
지금 나는	슬픕니다.	
오늘 날씨가	덥습니다.	
돈이	부족합니다.	

một chút

Tôi	sợ	một chút.
Nơi này	khô	
Canh rau	mặn	
Bây giờ tôi	buồn	
Hôm nay trời	nóng	
Tiền	thiếu	

082

약간

고추가	**약간**	맵습니다.
음식이	**약간**	싱겁습니다.
그는	**약간**	뚱뚱합니다.
오늘 나는	**약간**	바쁩니다.
방이	**약간**	좁습니다.
지금 나는	**약간**	배가 고픕니다.

hơi ~

Ớt	hơi	cay.
Món ăn	hơi	nhạt.
Anh ấy	hơi	mập.
Hôm nay tôi	hơi	bận.
Căn phòng	hơi	chật.
Bây giờ tôi	hơi	đói.

■ 'hơi + 동사/형용사 + một chút' 의 형태로 함께 사용할 수 있다. 'chật' 과 'hẹp' 둘 다 '(폭, 면적이) 좁은' 의 의미로, 옷 사이즈가 맞지 않는 상황에서도 사용할 수 있다.

082

약간

고추가	약간	맵습니다.
음식이		싱겁습니다.
그는		뚱뚱합니다.
오늘 나는		바쁩니다.
방이		좁습니다.
지금 나는		배가 고픕니다.

hơi ~

Ớt	hơi	cay.
Món ăn		nhạt.
Anh ấy		mập.
Hôm nay tôi		bận.
Căn phòng		chật.
Bây giờ tôi		đói.

083

꽤 / 상당히

요즘 나는	꽤 / 상당히	잘 지냅니다.
그 배우는		유명합니다.
이 일은		힘듭니다.
이 기계는		편리합니다.
건물이		큽니다.
임대료가		높습니다.

khá ~

Dạo này tôi	khá	khỏe.
Diễn viên ấy	khá	nổi tiếng.
Việc này	khá	vất vả.
Cái máy này	khá	tiện lợi.
Toà nhà	khá	lớn.
Giá thuê nhà	khá	cao.

083

꽤 / 상당히

요즘 나는		잘 지냅니다.
그 배우는		유명합니다.
이 일은	꽤	힘듭니다.
이 기계는	/ 상당히	편리합니다.
건물이		큽니다.
임대료가		높습니다.

khá ~

Dạo này tôi	khá	khỏe.
Diễn viên ấy		nổi tiếng.
Việc này		vất vả.
Cái máy này		tiện lợi.
Toà nhà		lớn.
Giá thuê nhà		cao.

084

~ (해) 보입니다

당신은	약간 피곤해	보입니다.
그는	정말 즐거워	
(여)선생님이	정말 예뻐	
그들은	동갑처럼	
이 사과는	진짜 맛있어	
방이	정말 넓어	

trông ~

Anh	trông	hơi mệt.
Nó		rất vui.
Cô giáo		đẹp quá.
Họ		bằng tuổi nhau.
Quả táo này		ngon quá.
Căn phòng		rộng lắm.

084

~ (해) 보입니다

당신은	보입니다.	약간 피곤해
그는		정말 즐거워
(여)선생님이		정말 예뻐
그들은		동갑처럼
이 사과는		진짜 맛있어
방이		정말 넓어

trông ~

Anh	trông	hơi mệt.
Nó		rất vui.
Cô giáo		đẹp quá.
Họ		bằng tuổi nhau.
Quả táo này		ngon quá.
Căn phòng		rộng lắm.

085

단지 ~ 뿐입니다

나는	단지	여동생이 한 명일	뿐입니다.
그는	단지	직원일	뿐입니다.
거기까지는	단지	30분만 걸릴	뿐입니다.
사이공은	단지	두 계절만 있을	뿐입니다.
우리는	단지	친한 친구일	뿐입니다.
이것은	단지	1만 동일	뿐입니다.

chỉ ~ thôi

Tôi	chỉ	có một em gái	thôi.
Anh ấy		là nhân viên	
Đến đó		mất 30(ba mươi) phút	
Sài Gòn		có hai mùa	
Chúng tôi		là bạn thân	
Cái này		mười nghìn đồng	

■ 각각 따로 사용 가능하며 'chỉ' 는 서술어 앞에서, 'thôi' 는 문장 끝에서 사용한다.

085

단지 ~ 뿐입니다

나는	단지	여동생이 한 명일	뿐입니다.
그는		직원일	
거기까지는		30분만 걸릴	
사이공은		두 계절만 있을	
우리는		친한 친구일	
이것은		1만 동일	

chỉ ~ thôi

Tôi	chỉ	có một em gái	thôi.
Anh ấy		là nhân viên	
Đến đó		mất 30(ba mươi) phút	
Sài Gòn		có hai mùa	
Chúng tôi		là bạn thân	
Cái này		mười nghìn đồng	

086

~ (인)척합니다

그는	잠든	척합니다.
그녀는	일하는	
그는	못 본	
그녀는	이해 못 한	
꼬마는	배 아픈	
고양이는	죽은	

giả vờ ~

Nó	giả vờ	ngủ.
Cô ấy		làm việc.
Anh ấy		không thấy.
Chị ấy		không hiểu.
Đứa bé		bị đau bụng.
Con mèo		chết.

086

~ (인)척합니다

그는		잠든
그녀는		일하는
그는		못 본
그녀는	척합니다.	이해 못 한
꼬마는		배 아픈
고양이는		죽은

giả vờ ~

Nó	giả vờ	ngủ.
Cô ấy		làm việc.
Anh ấy		không thấy.
Chị ấy		không hiểu.
Đứa bé		bị đau bụng.
Con mèo		chết.

06

기타
패턴

087

~ 이(가) 아닙니다

나는	일본인이	아닙니다.
그들은	대학생이	
여기는	나의 회사가	
그것은	우연이	
그 아저씨는	운전사가	
오늘은	쉬는 날이	

không phải (là) ~

Tôi	**không phải (là)**	người Nhật Bản.
Họ		sinh viên.
Đây		công ty tôi.
Đó		tình cờ.
Chú ấy		người lái xe.
Hôm nay		ngày nghỉ.

087

~ 이(가) 아닙니다

나는		일본인이
그들은		대학생이
여기는		나의 회사가
그것은	**아닙니다.**	우연이
그 아저씨는		운전사가
오늘은		쉬는 날이

không phải (là) ~

Tôi	**không phải (là)**	người Nhật Bản.
Họ		sinh viên.
Đây		công ty tôi.
Đó		tình cờ.
Chú ấy		người lái xe.
Hôm nay		ngày nghỉ.

088

~ (하지) 않습니다

나는	부유하지	않습니다.
나는	아침을 먹지	
우리는	동의하지	
그는	거만하지	
그들은	일하러 가지	
이 치마는	맞지	

không ~

Tôi	không	giàu.
Tôi		ăn sáng.
Chúng tôi		đồng ý.
Nó		ngạo mạn.
Họ		đi làm.
Cái váy này		vừa.

■ 'không' 이 앞에서는 '서술어 + không?' 의문문의 형식으로 '~합니까'의 의미로 사용되었으나, 이번에는 'không' 이 서술어 앞에 위치하면서 부정어로 사용된다. 두 가지를 같이 사용하여 부정의문문 '밥 안 먹었어?' '학교 안 가니?' 처럼 사용할 수는 없다. *3번 표현 참고

088

~ (하지) 않습니다

나는		부유하지
나는		아침을 먹지
우리는	않습니다.	동의하지
그는		거만하지
그들은		일하러 가지
이 치마는		맞지

không ~

Tôi	không	giàu.
Tôi		ăn sáng.
Chúng tôi		đồng ý.
Nó		ngạo mạn.
Họ		đi làm.
Cái váy này		vừa.

089

(나에게) 주세요

이걸로	주세요.
영수증	
재떨이	
생수 한 병	
쌀국수 한 그릇	
비행기표	

cho tôi + 명사

Cho tôi	cái này. hóa đơn. cái gạt tàn. một chai nước suối. một bát phở. một vé máy bay.

■ 'cho + A + 명사' 의 형식으로 'A에게 명사를 주세요' 라는 표현이다. A 자리에는 'tôi: 나' 라는 표현 대신에 다른 표현이 올 수 있다. 예) Cho em một quả cam 저에게 오렌지 하나 주세요.

089

(나에게) 주세요

주세요.	이걸로
	영수증
	재떨이
	생수 한 병
	쌀국수 한 그릇
	비행기표

cho tôi + 명사

Cho tôi

cái này.

hóa đơn.

cái gạt tàn.

một chai nước suối.

một bát phở.

một vé máy bay.

090

~ (하게) 해주세요

저 서류 좀 보게	해주세요.
Lee씨를 만나게	
노이바이공항에 도착하게	
컴퓨터를 이용하게	
이 일을 결정	
바로 체크아웃하게	

cho tôi + 동사

Cho tôi	xem tài liệu kia.
	gặp Cô Lee.
	đến sân bay Nội Bài.
	dùng máy vi tính.
	quyết định việc này.
	trả phòng ngay.

■ 'cho + A + 동사' 의 형식으로 'A가 ~ (동사)하게 해주세요' 라는 표현이다. 즉 A 자리에는 'tôi: 나' 라는 표현 대신에 다른 표현이 올 수 있다. 예) Cho chúng tôi xem thực đơn 우리가 메뉴 좀 보게 해주세요.

090

~ (하게) 해주세요

해주세요.	저 서류 좀 보게
	Lee씨를 만나게
	노이바이공항에 도착하게
	컴퓨터를 이용하게
	이 일을 결정
	바로 체크아웃하게

cho tôi + 동사

Cho tôi

xem tài liệu kia.

gặp Cô Lee.

đến sân bay Nội Bài.

dùng máy vi tính.

quyết định việc này.

trả phòng ngay.

091

바랍니다

시험을 잘 치길
안녕히 주무시길
즐거운 하루이길
행운이 있길
행복한 새해이길
편안한 여행이길

바랍니다.

chúc

Chúc	thi tốt.
	ngủ ngon.
	một ngày vui vẻ.
	gặp may mắn.
	năm mới hạnh phúc.
	đi du lịch thoải mái.

091

바랍니다

바랍니다.	시험을 잘 치길 안녕히 주무시길 즐거운 하루이길 행운이 있길 행복한 새해이길 편안한 여행이길

chúc

Chúc	thi tốt.
	ngủ ngon.
	một ngày vui vẻ.
	gặp may mắn.
	năm mới hạnh phúc.
	đi du lịch thoải mái.

092

~ (하)지 마십시오

손 대	(하)지 마십시오.
아무 말도	
너무 빨리 달리	
더 이상 TV를 보	
이곳에서 담배를 피우	
이 일을 포기	

đừng ~

Đừng	sờ tay.
	nói gì cả.
	chạy nhanh quá.
	xem ti vi nữa.
	hút thuốc ở đây.
	bỏ cuộc việc này.

092

~ (하)지 마십시오

(하)지 마십시오.	손 대
	아무 말도
	너무 빨리 달리
	더 이상 TV를 보
	이곳에서 담배를 피우
	이 일을 포기

đừng ~

Đừng

sờ tay.

nói gì cả.

chạy nhanh quá.

xem ti vi nữa.

hút thuốc ở đây.

bỏ cuộc việc này

093

~ 을(를) 금지합니다

이곳 입장을	금지합니다.
쓰레기 투기를	
이곳에 주차를	
사진 촬영을	
통행을	
전화 사용을	

cấm ~

Cấm	vào nơi này.
	vứt rác.
	đỗ xe tại đây.
	chụp hình.
	qua đường.
	sử dụng điện thoại.

093

~ 을(를) 금지합니다

	이곳 입장을	
	쓰레기 투기를	
	이곳에 주차를	
금지합니다.	사진 촬영을	
	통행을	
	전화 사용을	

cấm ~

Cấm

vào nơi này.

vứt rác.

đỗ xe tại đây.

chụp hình.

qua đường.

sử dụng điện thoại.

094

~ (하)세요

자신에 대해 소개	(하)세요.
조금만 더 기다리	
이 종이에 서명	
곰곰이 생각해보	
더 크게 말	
공부 열심히	

hãy ~ (동사)

Hãy	giới thiệu về mình.
	đợi một chút nữa.
	ký vào tờ giấy này.
	suy nghĩ xem.
	nói to hơn.
	học chăm chỉ.

094

~ (하)세요

자신에 대해 소개 조금만 더 기다리 이 종이에 서명 곰곰이 생각해보 더 크게 말 공부 열심히	**(하)세요.**

hãy ~ (동사)

Hãy

giới thiệu về mình.

đợi một chút nữa.

ký vào tờ giấy này.

suy nghĩ xem.

nói to hơn.

học chăm chỉ.

095

~ (하)세요 / 해

당신 더 드

당신 맘을 편히 먹으

당신 그 일은 잊으

여러분 자신의 능력을 믿으

세요.

당신 나에게 솔직히 말

학생들 집중

하세요/ 해.

~ đi

Anh ăn thêm	đi.
Anh thoải mái	
Chị quên việc đó	
Các bạn tin năng lực mình	
Bạn nói thẳng với tôi	
Các em tập trung	

■ 요청과 명령을 나타내는 표현인 'hãy' 와 'đi' 는 위치만 다를 뿐 같이 사용할 수 있다. 다만 'đi' 가 좀 더 명령문의 느낌으로 사용되며 공식적인 자리에서는 잘 사용하지 않는다. 그리고 두 가지 표현에서 주어 자리에 상대방을 포함하는 '우리 chúng ta' 를 사용할 경우 '~합시다, ~하자' 와 같이 청유문 형태로도 사용할 수 있다.

095

~ (하)세요 / 해

당신 더 드
당신 맘을 편히 먹으
당신 그 일은 잊으
여러분 자신의 능력을 믿으
당신 나에게 솔직히 말
학생들 집중

세요.

하세요/ 해.

~ đi

Anh ăn thêm
Anh thoải mái
Chị quên việc đó
Các bạn tin năng lực mình
Bạn nói thẳng với tôi
Các em tập trung

đi.

096

~ 아니라 … 이다

나는	사장이	**아니라**	직원	**입니다.**
여기는	하노이가		호치민	
그것은	내 것이		내 친구의 것	
내 생일은	4월이		5월	
그는	여행을 가는 게		출장을 가는 것	
중요한 건	과거가		미래	

không phải ~ mà là …

Tôi	**không phải**	là giám đốc	**mà là**	nhân viên.
Đây		là Hà Nội		thành phố Hồ Chí Minh.
Đó		là của tôi		của bạn tôi.
Sinh nhật tôi		là tháng 4(tư)		tháng 5(năm).
Anh ấy		đi du lịch		đi công tác.
i quan trọng		là quá khứ		tương lai.

■ 'Thành phố Hồ Chí Minh' 의 표현처럼 호치민시를 나타낼 때는 'thành phố : 도시' 라는 명사를 꼭 붙여 사용한다. 이는 베트남인들의 영웅인 인물 호치민과 구분 짓기 위함이다.

096

~ 아니라 … 이다

나는	아니라	사장이	입니다.	직원
여기는		하노이가		호치민
그것은		내 것이		내 친구의 것
내 생일은		4월이		5월
그는		여행을 가는 게		출장을 가는 것
중요한 건		과거가		미래

không phải ~ mà là …

Tôi	**không phải**	là giám đốc	**mà là**	nhân viên.
Đây		là Hà Nội		thành phố Hồ Chí Minh.
Đó		là của tôi		của bạn tôi.
Sinh nhật tôi		là tháng 4(tư)		tháng 5(năm).
Anh ấy		đi du lịch		đi công tác.
i quan trọng		là quá khứ		tương lai.

097

비록 ~ (일)지라도 … 하다

비록	비가 올	지라도	나는 놀러 갈 겁니다.
	그는 어릴		매우 성실합니다.
	가난할		나는 행복합니다.
	나는 아플		여전히 일하러 갑니다.
	힘들		나는 참아야 합니다.
	여자일		나는 할 수 있습니다.

tuy ~ nhưng …

Tuy	trời mưa	nhưng	tôi sẽ đi chơi.
	nó còn trẻ		rất trung thực.
	nghèo		tôi hạnh phúc.
	tôi bị ốm		vẫn đi làm.
	vất vả		tôi phải chịu đựng.
	là phụ nữ		tôi làm được.

■ 같은 표현으로 '(mặc) dù A nhưng B' '비록 A 일지라도 B 하다' 의 표현도 있으며, 순서를 바꿔 'B tuy A' 나 'B (mặc) dù A' 의 형태로도 사용할 수 있다.

097

비록 ~ (일)지라도 … 하다

비록	비가 올	지라도	나는 놀러 갈 겁니다.
	그는 어릴		매우 성실합니다.
	가난할		나는 행복합니다.
	나는 아플		여전히 일하러 갑니다.
	힘들		나는 참아야 합니다.
	여자일		나는 할 수 있습니다.

tuy ~ nhưng …

Tuy	trời mưa	nhưng	tôi sẽ đi chơi.
	nó còn trẻ		rất trung thực.
	nghèo		tôi hạnh phúc.
	tôi bị ốm		vẫn đi làm.
	vất vả		tôi phải chịu đựng.
	là phụ nữ		tôi làm được.

098

~ (할)수록 … 하다

<table>
<tr><td>돈은</td><td>많을</td><td rowspan="6">수록</td><td>좋습</td><td rowspan="6">니다.</td></tr>
<tr><td>베트남어는</td><td>공부할</td><td>어렵습</td></tr>
<tr><td>쌀국수는</td><td>먹을</td><td>맛있습</td></tr>
<tr><td>베트남은</td><td>날이 갈</td><td>발전합</td></tr>
<tr><td>그는</td><td>볼</td><td>잘생겼습</td></tr>
<tr><td>이 책은</td><td>읽을</td><td>재밌습</td></tr>
</table>

càng ~ càng …

Tiền	càng	nhiều	càng	tốt.
Tiếng Việt	càng	học	càng	khó.
Món phở	càng	ăn	càng	ngon.
Việt Nam	càng	ngày	càng	phát triển.
Anh ấy	càng	nhìn	càng	đẹp trai.
Quyển sách này	càng	đọc	càng	hay.

098

~ (할)수록 … 하다

돈은	많을		좋습	
베트남어는	공부할		어렵습	
쌀국수는	먹을	수록	맛있습	니다.
베트남은	날이 갈		발전합	
그는	볼		잘생겼습	
이 책은	읽을		재밌습	

càng ~ càng ···

Tiền	càng	nhiều	càng	tốt.
Tiếng Việt		học		khó.
Món phở		ăn		ngon.
Việt Nam		ngày		phát triển.
Anh ấy		nhìn		đẹp trai.
Quyển sách này		đọc		hay.

099

~ (하)기도 하고 … (하)기도 하다

나는	맥주를 마시	(하)기도 하고	음악을 듣	(하)기도 합니다.
그는	일을		노래를	
그녀는	예쁘		착	
이 영화는	슬프		재밌	
이 일은	어렵		쉽	
베트남은	덥		습	

vừa ~ vừa …

Tôi	vừa	uống bia	vừa	nghe nhạc.
Anh ấy		làm việc		hát.
Chị ấy		đẹp		hiền.
Phim này		buồn		hay.
Việc này		khó		dễ.
Việt Nam		nóng		ẩm.

■ 앞에서는 'vừa' 가 동사 앞에 위치하여 근접과거시제 '방금~했다' 의 의미로 사용되었으나, 위와 같은 'vừa A vừa B' 의 구조로 쓰이면 구문의 역할까지 한다. 또, '알맞은, 적당한' 의 형용사로도 사용할 수 있다.

099

~ (하)기도 하고 ~ (하)기도 하다

나는		맥주를 마시		음악을 듣
그는		일을		노래를
그녀는	(하)기도 하고	예쁘	(하)기도 합니다.	착
이 영화는		슬프		재밌
이 일은		어렵		쉽
베트남은		덥		습

vừa ~ vừa …

Tôi	vừa	uống bia	vừa	nghe nhạc.
Anh ấy		làm việc		hát.
Chị ấy		đẹp		hiền.
Phim này		buồn		hay.
Việc này		khó		dễ.
Việt Nam		nóng		ẩm.

100

~ (하)는 것은 … 때문이다

내가 시험에 합격한	것은	열심히 공부했기	때문입니다.
내가 봄을 좋아하는		많은 꽃이 피기	
내가 베트남어를 배우는		베트남에서 일하고 싶기	
내가 그를 사랑하는		그가 정말 착하기	
그녀가 방귀를 뀐		배가 살살 아팠기	
기차가 연착한		눈이 정말 많이 왔기	

sở dĩ ~ là vì …

Sở dĩ	tôi thi đậu	là vì	học chăm chỉ.
	tôi thích mùa xuân		nhiều hoa nở.
	tôi học tiếng Việt		muốn làm việc ở Việt Nam.
	tôi yêu anh ấy		anh ấy rất hiền lành.
	chị ấy đã đánh rắm		bị đau bụng âm ỉ.
	xe lửa đến muộn		tuyết rơi rất nhiều.

- 같은 의미의 'vì A nên B' 'A 하기 때문에 그래서 B 하다' 의 표현도 있다.
- 'thi đậu' 와 'thi đỗ' 둘 다 '시험에 합격하다' 의 의미를 가진다.

100

~ (하)는 것은 … 때문이다

것은	내가 시험에 합격한 내가 봄을 좋아하는 내가 베트남어를 배우는 내가 그를 사랑하는 그녀가 방귀를 뀐 기차가 연착한	때문입니다.	열심히 공부했기 많은 꽃이 피기 베트남에서 일하고 싶기 그가 정말 착하기 배가 살살 아팠기 눈이 정말 많이 왔기

sở dĩ ~ là vì …

Sở dĩ	tôi thi đậu	là vì	học chăm chỉ.
	tôi thích mùa xuân		nhiều hoa nở.
	tôi học tiếng Việt		muốn làm việc ở Việt Nam.
	tôi yêu anh ấy		anh ấy rất hiền lành.
	chị ấy đã đánh rắm		bị đau bụng âm ỉ.
	xe lửa đến muộn		tuyết rơi rất nhiều.